Fringe unautorisiert – Das inoffizielle Kompendium Staffel 1: Alle Episoden, alle Geheimnisse, alle Fakten

Über den Autor

Andreas Arimont, wohnhaft ins Langenhagen bei Hannover, ist seid einigen Jahren als freiberuflicher Autor und Filmemacher tätig. Nach einigen Kurzfilmen und Werbespots drehte er 2009 seinen ersten Spielfilm: CAM – Fürchte die Dunkelheit Der Film ist seid Februar 2010 auf DVD erhältlich. Mit FRINGE UNAUTORISIERT hat er sein erstes Sachbuch über eine TV-Serie geschrieben.

ANDREAS ARIMONT

FRINGE UNAUTORISIERT

DAS INOFFIZIELLE KOMPENDIUM STAFFEL 1:

ALLE EPISODEN, ALLE GEHEIMNISSE, ALLE FAKTEN

Erstmals erschienen 2010
Copyright © 2010 Andreas Arimont, Langenhagen
Umschlagsgestaltung: Andy Leroy
Umschlagbilder: Fotolia.com: radio sund wave© *michelle dudley*
Korrektorat: Dirk Nagel Lektorat&Korrekturbüro
Herstellung und Verlag: Books on Demand GmbH, Nordersted
ISBN 978-3-8391-6649-9

Inhalt

Einleitung

Akte-X lebt!

Ich gehöre zu der Generation, die mit dem 1980er-Jahre-Kino aufgewachsen ist. Aber auch Fernsehserien wie „Knight Rider", „Das A-Team" oder „MacGyver" prägten in der Kindheit die eigenen Sehgewohnheiten. Auch heute noch freue ich mich, wenn ich im Fernsehen über die eine oder andere Wiederholung stolper und schwelge in nostalgischer Erinnerung. Und so freute ich mich auch wie ein kleiner Junge, als ich feststellte, dass Tele 5 gerade wieder Akte-X ausstrahlt. Jene TV-Serie, die Anfang der 1990er Jahre einen Hype auslöste, den man bisher so noch nicht kannte. Diese Serie bot einen für das Fernsehen ungewohnt hohen Qualitätsstandard. Manche Folgen erreichten das Niveau gängiger Kinofilme dieser Zeit. Dachte ich anfangs noch, dass Akte-X im Wesentlichen ein Krimi mit Gruselelementen sei, wurde schnell klar, dass die groß angelegte staffelübergreifende Verschwörungsgeschichte, den wahren Kern der Serie ausmacht. Das war der Zeitpunkt, an dem ich merkte, dass eine TV-Serie so gut und spannend sein kann, dass sie süchtig macht. Als 2002, nach neun Staffeln, die letzte Episode gesendet wurde, ging eine Ära zu Ende. Die Fans fragten sich, ob es jemals einen würdigen Ersatz für Akte-X geben würde, doch die TV-Welt war längst eine andere geworden. Ab 2000 gab es eine Vielzahl von sehr hochwertig produzierten Fernsehserien. Serien wie „CSI", „Sopranos" oder „24" setzten neue Maßstäbe im Bereich der Fernsehunterhaltung. Es gab für jeden etwas, egal ob man auf Action, Crime oder Drama stand. Nur die Fans von Mysteryformaten saßen lange auf dem Trockenen. Erst 2004 kam mit LOST wieder eine richtig gute Serie auf die Fernsehschirme, die es verstand, schnell eine riesige Fanbasis um sich zu scharen.

Als es 2008 dann hieß, dass J.J. Abrams, einer der Erfinder von LOST, eine neue Serie entwickelt habe, die sich an Akte-X anlehnt, wurden nicht nur Fans von Mulder und Scully hellhörig. Ein Mann und eine Frau, die beim FBI unheimliche Fälle lösen müssen – das klang doch vertraut. Zumindest auf den ersten Blick. Bei Akte-X war es noch ein Duo, das Ufos, Monstern und Verschwörern auf den Zahn fühlte. Fringe wartete nun mit einem Trio auf. Einem höchst ungleichen Team aus einer FBI-Agentin, einem „verrückten" Professor und dessen weltenbummlerischen Sohn, der sich als Kleinganove durch das Leben mogelt. Klingt ungewöhnlich, ist es auch. Schnell aber zeigte sich, dass diese Konstellation wunderbar funktionierte. So lebt die Serie dann auch von dem Zusammenspiel dieser unterschiedlichen Charaktere und den daraus resultierenden Konflikten. Olivia Dunham und Peter Bishop bilden eine Art Mulder- und Scully-Gespann, inklusive angedeuteter Zuneigung, während Walter Bishop für den morbiden Humor sorgt. Auch den Grundkonflikt von Akte-X, Glaube gegen Wissenschaft, findet man in Fringe wieder. So ist der hochintelligente Peter Bishop (er besitzt einen IQ von 190) anfangs ein völlig rational denkender Mensch, für den es nichts gibt, was sich nicht mit der gängigen Wissenschaft erklären lässt. Ein Pendant zu Dana Scully also, die ähnlich charakterisiert war. Bei Olivia Dunham ist es etwas schwieriger, den Vergleich zum großen Vorbild herzustellen. Sie ist nicht einfach ein weiblicher Fox Mulder mit dogmatischem Glauben an das Übernatürliche. Aber sie ist, im Gegensatz zu Peter, völlig aufgeschlossen gegenüber nicht rational erklär-baren Dingen, ohne eine besondere Verbindung dazu zu haben. Fox Mulder sah als Kind, wie seine Schwester von Außerirdischen entführt wurde und machte aufgrund dieses traumatischen Erlebnisses das Aufklären und Erforschen solcher Phänomene zu seinem Lebensinhalt. Olivia Dunham wird ungewollt mit einer Welt konfrontiert, in der nichts so ist wie es scheint. Die größte Gemeinsamkeit der beiden Charaktere ist die Verbissenheit mit der sie die Wahrheit ans Licht bringen wollen. Walter Bishop schließlich ist weit mehr als nur der Pointengeber der Serie. Er gilt als legitimer Nachfolger Albert Einsteins und schnell stellt sich heraus, dass ein Großteil seiner früheren Arbeit als Grundlage für die jüngsten Anschläge diente. Allerdings kann er sich aufgrund seines geistigen Zustands nur schwer an wichtige Informationen aus der Vergangenheit erinnern.

In der Welt von Fringe gibt es aber natürlich auch zahlreiche, interessante Nebencharaktere. Während Laborassistentin Astrid Farnsworth meist unauf-fällig neben Walter Bishop agiert, haben wir mit Phillip Broyles und Nina Sharp gleich zwei sehr undurchsichtige Figuren. Broyles ist der Leiter der Sonder-abteilung zur Aufklärung der Schemavorfälle und somit Olivia Dunhams direkter Vorgesetzter. Lange Zeit über weiß man nicht so recht, auf welcher Seite er wirklich steht und was er von seiner neuen Agentin hält. Er steht diplomatisch zwischen zwei Stühlen, denn die Arbeit seiner Abteilung wird von übergeordneter Stelle kritisch überwacht. Genau wie Walter Skinner, der Chef von Fox Mulder und Dana Scully in Akte-X, muss er sich immer wieder entscheiden, ob er zu seinen Agenten steht oder dem bürokratischen Druck von oben nachgibt. Nina Sharp ist die Vizepräsidentin der Abteilung Forschung und Entwicklung beim mächtigen Technologie-Konzern Massive Dynamic. Olivia Dunhams Ermittlungen führen sie immer wieder zu dieser Firma, die anscheinend irgendwie in die Schemavorfälle verwickelt ist. Und bei Nina Sharp ist man sich nie sicher, was sie wirklich weiß und welche Ziele sie verfolgt. Und dann stellt sich natürlich noch die Frage, wer oder was hinter den Schemavorfällen steckt.

Fringe offenbart uns eine Welt voller Geheimnisse und Verschwörungen, die von interessanten, undurchsichtigen Charakteren bevölkert wird. Fringe ist nicht Akte-X, aber es huldigt das große Vorbild auf vielfache Art und Weise. Fans von Mulder und Scully sollten nicht nur vergleichen, sondern sich auf diese neue Serie einlassen. Die Fringe-Macher sind sich natürlich bewusst, dass die X-Files Fans besonders kritisch hinschauen werden. Fringe ist anders, aber es ist ein würdiger Nachfolger geworden. Noch ist die Serie sehr jung und ich bin gespannt, welche Entwicklung sie nehmen wird. Lassen Sie uns jetzt also noch mal die erste Staffel Fringe erforschen. Ich hoffe, ich habe in diesem Serienguide ein paar interessante Informationen gesammelt und sie können noch das eine oder andere Neue entdecken.

Viel Spaß dabei!

Andreas Arimont
Im April 2010

Fringe läuft immer Montags um 20:15 auf Pro 7(Stand April, 2010). Zudem ist die komplette erste Staffel **Fringe – Grenzfälle des FBI** von Warner Home Video auf DVD erhältlich.

BIOGRAFIEN DER DARSTELLER

Jede TV-Serie steht und fällt mit ihren Hauptdarstellern. Was wäre „24" ohne Kiefer Sutherland oder „Dr. House" ohne Hugh Laurie? Zu Akte-X Zeiten ermittelte noch das Duo Mulder und Scully beim FBI, um die Mysterien dieser Welt aufzuklären. Ihre potenziellen Nachfolger bilden ein äußerst ungleiches Trio. Werfen wir also einen Blick auf die Schauspieler von FRINGE.

Joshua Jackson (Peter Bishop)

Joshua Jackson ist trotz seiner immer noch jugendlichen Erscheinung absolut kein Neuling im Film- und TV-Geschäft.

Geboren als Joshua Carter Jackson, 1978 in Vancouver, Kanada, fasst er schon in relativ frühen Jahren den Entschluss, nach Hollywood zu gehen, um ein großer Filmstar zu werden. Kein Wunder - seinen ersten Kurzauftritt hatte er 1980 in dem Horrorfilm „Das Grauen – The Changeling". Zu diesem Zeitpunkt war er nicht einmal ein Jahr alt. Später folgten Auftritte in verschiedenen Werbespots, unter anderem für Kartoffel Chips und den kanadischen Tourismus. Dies wiederum führte zu einer Hauptrolle in der Kindertheater-produktion „Willie Wonka and the Chocolate Factory". Den meisten Lesern dürfte der Kinofilm „Charlie und die Schokoladenfabrik" besser bekannt sein. Zudem bekam er auch eine kleine Rolle in der 1980er Jahre Actionserie „MacGyver", bei der seine Mutter für das Casting der Darsteller zuständig war.

Bis zu seinem achten Lebensjahr lebte er in Kalifornien. Als die Filmindustrie anfing, Kanada und speziell seine Geburtsstadt Vancouver, als günstigen Produktionsstandort zu entdecken, zog Jackson mit seiner Mutter wieder zurück in die alte Heimat. Da Fiona Jackson durch die Arbeit als Casting-Agentin gute Kontakte hatte, besorgte sie ihrem Sohn auch die ersten Schauspielaufträge. Eigentlich aber war sie nicht besonders angetan von den Ambitionen ihres Sohnes, in die Filmbranche einzusteigen. Sie hatte in den vielen Jahren als Agentin auch die harten Seiten der Branche kennengelernt und somit als besorgte Mutter natürlich bedenken, ob sich Joshua in dieses Haifischbecken wagen sollte.

Seine ersten Gehversuche im Kino unternahm der elfjährige Joshua Jackson 1989 in dem Film „Payoff". Die erste bedeutende Rolle spielte er 1991 in dem Drama „Zwischen Liebe und Hass" (Crooked Hearts) an der Seite von Peter Berg (Alias) und Juliette Lewis.

Größere Aufmerksamkeit bekam Jackson 1992 mit einer Hauptrolle in der Disney-Produktion „Mighty Ducks -Das Superteam". Der Film war in den USA sehr erfolgreich und es folgten zwei Fortsetzungen, in denen er ebenfalls mitwirkte.

Joshua Jackson hatte seinen Traum erreicht: Er war in der Filmbranche angekommen. Von diesen Erfolgen beflügelt, übernahm er in den darauf-folgenden Jahren zahlreiche Rollen in diversen Kino- und TV-Produktionen. In der Serie „Dawson's Creek" übernahm Jackson 1998 die Rolle des Pace Witter, die ihn auch hier in Deutschland bekannt machte. Diese Rolle spielte er von 1998 bis 2003. Dabei konnte er Erfahrungen sammeln, wie es ist, über mehrere Jahre einen Charakter darzustellen. Dies spielte auch eine Rolle bei seiner Entscheidung, sich nach „Dawsons's Creek" wieder für mehrere Jahre auf ein TV-Projekt zu konzentrieren. Und das, obwohl Jackson auch nach dem Aus der Teenager-Serie gut im Geschäft war. Sein letzter Spielfilm „Shutter-Sie sehen dich" lief 2008 bei uns in den Kinos.

Die Entscheidung, wieder in das Fernsehgeschäft einzusteigen, obwohl seine Kinokarriere gut verlief, fiel ihm tatsächlich nicht leicht. Die Tatsache, dass J.J. Abrams beteiligt war, lies ihn aufhorchen. Letztendlich aber war es das Drehbuch der Pilotfolge, das Jackson überzeugte, die Rolle in FRINGE anzunehmen.

Im Übrigen verbindet Joshua Jackson eine besondere Liebe zu Deutschland: Er ist seit 2006 mit der aus Niedersachsen stammenden Schauspielerin Diane Kruger liiert, die auch eine beachtliche Hollywood-Karriere vorzuweisen hat.

Anna Torv (Olivia Dunham)

Die australische Schauspielerin Anna Torv hat im Gegensatz zu ihrem gleichaltrigen Serienkollegen Joshua Jackson noch nicht ganz so viel Erfahrung im Filmgeschäft. Das heißt aber nicht, dass sie ein absoluter Neuling ist. Torv spielte in der kurzlebigen Polizei-Dramaserie „Young Lions" mit, die es auf immerhin 22 Episoden brachte. In der erfolgreichen Serie „Mcleods Töchter" übernahm sie Gastrollen in zwei Episoden.

2008, kurz vor dem Produktionsbeginn von FRINGE, wirkte Torv in der sechsteiligen Spielfilmserie „Mistresses – aus Lust und Leidenschaft" mit.

Sie wuchs seit ihrem achten Lebensjahr mit ihrem jüngeren Bruder bei der Mutter auf, nachdem sich die Eltern getrennt hatten.

Anna Torv beschreibt sich selber als „nostalgische Träumerin" und ihr Traum war es, als Schauspielerin Karriere zu machen. Ihr schauspielerisches Handwerk erlernte sie am „National Institute of Dramatic Arts" in Sydney. Nach der erfolgreichen Schauspielausbildung arbeitete sie zunächst im Theater. Mit „Young Lions" gab sie ihr TV Debüt. Außerdem hat Torv als Sprecherin für das Computerspiel „Heavenly Sword" gearbeitet, das in Neuseeland produziert wurde. Sie musste sich ganz schön durchbeißen, schließlich war sie immer noch eine relativ unbekannte Schauspielerin und als solche, ist es nicht leicht, an neue Jobs zu kommen. Nach der kurzen Beschäftigung bei der Serie „Mistresses" sah es nicht so gut aus. Sie versuchte es beim Casting für die neue TV Serie FRINGE und überzeuge die Produzenten überraschenderweise auf Anhieb. Alex Kurtzman, einer der Verantwortlichen meinte, Anna Torv hätte ihn nach nur zehn Minuten begeistert und er wusste, dass sie die Richtige für die Rolle der Olivia Dunham war. Anna Torv konnte es kaum glauben: Sie hatte tatsächlich ihre erste Hauptrolle ergattert und dann auch noch in einem so großem Projekt wie FRINGE. Es scheint so, als hätte die Entscheidung zu dem Casting zu gehen, ihr Leben in eine wirklich positive Richtung gelenkt. Neben dem beruflichen Erfolg lernte sie bei den Dreharbeiten zu FRINGE auch Mark Valley kennen, den sie schon nach kurzer Zeit heiratete.

John Noble (Walter Bishop)

Dass John Noble ganz klar der Schauspiel Veteran im Team von FRINGE ist, dürften die meisten Leser sicher schon geahnt haben. Oft ist es so, dass Zuschauer bei ihm denken: „Das Gesicht habe ich irgendwo schon mal gesehen!". Es ist eines dieser Gesichter, die man oft sieht, aber nicht zuordnen kann. Dabei blickt der 1948 in Australien geborene Schauspieler auf eine wirklich beeindruckende Karriere zurück. Und das nicht nur als Schauspieler. In den siebziger und achtziger Jahren arbeitete er als künstlerischer Leiter (Artistic Director) der „Stage Company" in Süd-Australien. Noble unterrichtete auch andere Schauspieler in seinem privaten Studio. Genügend Erfahrung hat er, schließlich leitete John Noble drei Jahre lang (1997 bis 2000) die Abteilung für Schauspieler an der „Brent St. School of Arts" in Australien (Sydney). Zudem war er an den australischen Versionen der Musicals „Cats" und „Les Miserables" beteiligt. Neben unzähligen Auftritten im Theater, TV Serien und Filmen spielte Noble 2003 in der Megaproduktion „Herr der Ringe – Die Rückkehr des Königs" die Rolle des Königs Denethor und erlangte somit weltweit Aufmerksamkeit. Für diese Darstellung gewann er mehrere Filmpreise. Auch im Bereich der Fernsehserien konnte er schon einiges an Erfahrung sammeln. John Noble spielte unter anderem in „Time Trax", „Stargate" und der Hitserie „24" mit, in der er einen russischen Botschafter spielte.

HANDBUCH ZUM EPISODENFÜHRER

Episodenführer zu TV Serien gibt es viele und jeder Autor hat eine eigene Herangehensweise. Das Wichtigste ist natürlich das aufführen möglichst aller für den Serienfan relevanten Daten. Ich habe mir für dieses Buch natürlich auch überlegt, wie man am Besten alle Fakten und Infos sortieren kann. Im folgenden möchte ich ihnen einen Überblick verschaffen, wie dieser Serienguide aufgebaut ist.

Die einzelnen Episodenbeschreibungen beginnen natürlich mit dem Titel und der dazugehörigen Episodennummer. Die erste Zahl gibt die Staffel an in der die Episode zu finden ist. Da es sich in diesem Buch um die erste Staffel von Fringe handelt, wird also immer eine „1" am Anfang des Titels stehen. Nach dem „x" folgt die Episodennummer sowie der deutsche Episodentitel. Darunter finden Sie den englischen Originaltitel und die Daten der Erstausstrahlung für USA und Deutschland, gefolgt von den Namen der Drehbuchautoren und des Regisseurs. Es folgt die Wertung nach einer Skala von 1 bis 10. Diese Wertung ist natürlich subjektiv und nicht allgemeingültig. Vielleicht finden Sie ja grade eine Episode gut, die ich eher schlecht bewertet habe. Als letzte Information unter dem Titel finden Sie eine Auflistung der Gastdarsteller der jeweiligen Folge.

Inhalt

Hier wird die Handlung der Episode kurz angerissen, ohne aber die komplette Folge nachzuerzählen. Das dient dazu dem Leser ein wenig auf die Sprünge zu helfen, wenn man sich nicht mehr genau erinnern kann, was in dieser Folge passiert ist. Der genauere Inhalt wird im Kommentar besprochen. Die Inhaltsbeschreibung ersetzt natürlich nicht das Ansehen der Folge. FRINGE muss man schon selber gesehen haben, aber davon gehe ich natürlich auch aus. Die Inhaltsangabe zum Pilotfilm fällt länger aus, aber diese Episode hatte auch eine längere Laufzeit als die regulären Folgen.

Kommentar

Der Kommentar zu den jeweiligen Folgen ist eine Analyse der Handlung und geht oft auf Besonderheiten der Charaktere ein. Es werden neue Erkenntnisse oder auch denkwürdige Szenen besprochen. Besonders spannende Folgen werden gelobt, genauso wie unlogische Drehbuchschnitzer bemängelt werden. Wenn man ein Buch über einen Film oder eine TV-Serie schreibt, ist die Meinung natürlich immer subjektiv. Vielleicht werden sie nicht immer mit mir übereinstimmen aber das ist doch auch ganz normal. Dies ist ein Buch von einem Fan für Fans.

Highlight

Gab es in dieser Folge einen ganz besonderen Moment? Eine spektakuläre Actionszene? Ein Geheimniss wurde gelüftet? Oder auch etwas besonders Lustiges? Hier beschreibe ich mein persönliches Highlight dieser Episode.

Symbolcode

Als FRINGE im Fernsehen gestartet ist, gab es schnell Spekulationen über die Bedeutung der geheimnisvollen Symbole, die in jeder Folge eingeblendet werden. Schnell war klar, dass die Macher geheime Wörter in einem Code versteckt hatten. Es dauerte eine Zeit, aber schließlich wurde dieser Code geknackt. Dieser Code besteht aus verschiedenen Glyphen: Blatt, Apfel, Blume, Schmetterling, Seepferdchen, Frosch und das Rauchgesicht. Da man aus diesen wenigen Symbolen nicht das Alphabet nachbilden kann, ließen sich die Macher etwas einfallen: Es gibt von jedem Symbol verschiedene Varianten. Diese sind meistens durch einen gelben Lichtpunkt gekennzeichnet. Die Ecke, in der dieser Punkt auftaucht, gibt an, um welche Variante des Symbols es sich handelt. Der Apfel mit dem Lichtpunkt links-oben ist der Buchstabe „C". Der Apfel mit dem Lichtpunkt rechts-oben wäre ein „D". Aus lizenzrechtlichen Gründen dürfen in diesem Buch die Originalsymbole nicht abgebildet werden. Deshalb beschränke ich mich in den Episodenbeschreibungen darauf nur die Symbole und das Wort, das dahinter verborgen ist aufzuzählen. Der Code ist bisher noch nicht vollständig entschlüsselt und bei manchen Symbolen gab es Diskussionen über die Richtigkeit der Entschlüsselung. Im Großen und Ganzen aber ist zumindest das Geheimnis alle Codes der ersten Staffel gelöst. Nachfolgen finden sie eine Tabelle mit dem bisherigen Fringe Symbolcode. Die Bezeichnungen wie „r.o" stehen jeweils für die Position des Lichtpunktes, also zum Beispiel „r.o" für rechts-oben, „l.u." für links-unten und „r.M." für Rechts-Mitte.

Blatt r.o.= A	Blatt l.u. = B	Apfel l.o = C	Apfel r.o. = D	Apfel l.u. = E	Apfel r.u. = F
Blatt r.u = G	Blatt l.u. = H	Blume l.o = I	Blume r.o. = J	Blume r.u. = K	Blume l.u. = L
Seepferd l.u. = M	Seepferd r.u. = N	Schmetterling l.u. = O	Schmetterling r.u = P	Frosch l.u. = Q	Frosch r.u. = R
Hand l.u. = S	Gesicht r.M. = T	Hand l.u. = U	Hand l.M. = V	Hand r.M. = W	Gesicht l.M. = Y

Der Beobachter

Eines der großen Geheimnisse bei FRINGE ist der Beobachter. Jener glatzköpfige, geheimnisvolle Mann, der bei jedem Schema Vorfall anwesend war und ist. Er taucht in jeder Folge auf, aber man muss genau hinsehen, um ihn zu entdecken. Deshalb finden sie zu jeder Episode einen Hinweis, wo er zu sehen ist.

Bishopologie

Ein Highlight jeder Folge sind die oft skurrilen Kommentare von Walter Bishop. Hier werden die lustigen Dialoge oder Situationen aufgeführt.

Besonderes

Hier werden die denkwürdigen Erkenntnisse oder Geheimnisse der jeweiligen Episode aufgeführt. Auch Hinweise, kulturelle Referenzen oder ergänzende Informationen finden sie hier.

Noch Fragen?

Eine Mysteryserie wie Fringe lebt davon, dass die Handlung immer wieder neue Fragen aufwirft. Hier werden offene Fragen zusammengefasst, die sich aufgrund der jeweiligen Episode ergeben

„So viel ist hier passiert. Und so viel wird noch passieren."
Walter Bishop 1x01 Pilot

Folge #1X01: „Flug 627"

Originaltitel:	„Pilot"
Erstausstrahlung USA:	9.September 2008
Erstausstrahlung DE:	16. März 2009
Drehbuch:	J.J. Abrams, Alex Kurtzman, Roberto Orci
Regisseur:	Alex Graves

Gastdarsteller: Kelly Kling (Krankenhausmitarbeiter), Edward M. Kelahan (Officer), Jason Butler Harner (Richard Steig), Peter Outerbridge(Dr.Reyes), Peter Sawyer (Mann aus Denver, Flugzeug), Shaun Shetty (Inder), Tauqir Shah(Iraker), Omar Habib (Iraker 2),Jeff Topping (Agent), Sean Clement(Agent), Anousha Alamian (Agent), Joan Barrett (Alte Frau Flugzeug), Andrew Hinkson (Wächter), Denis Mockler (Co-Pilot), Andreas Frank (Pilot), Max Topplin (Teenager), Katerina Taxia (Agent Dawson),

Inhalt

Ein Flugzeug aus Hamburg muss in Boston notlanden, nachdem es an Bord einen Zwischenfall gab. Als ein Team aus Mitarbeitern der Behörden FBI, CIA und dem Heimatschutz das Flugzeug betreten, stellen sie fest, dass alle Menschen in der Maschine tot sind. Den Ermittlern bietet sich ein grausamer Anblick: Alle Körper sind bis auf die Knochen zersetzt worden. Die Ursache dafür ist ungeklärt, man vermutet einen terroristischen Anschlag mit einer bisher unbekannten Biowaffe. Die junge FBI-Agentin Olivia Dunham übernimmt die Ermittlungen zusammen mit ihrem Partner, John Scott, mit dem sie auch eine private Beziehung führt. Scott wird bei der Verfolgung eines Verdächtigen durch eine Explosion schwer verletzt. Dabei wird er anscheinend mit der gleichen Substanz infiziert, wie die Passagiere von Flug 627. Sein Körper beginnt sich zu zersetzen, weswegen die Ärzte Agent Scott in ein künstliches Koma versetzen, um den Vorgang zu verlangsamen. Olivia

Dunham bleibt nur wenig Zeit herauszufinden, wer oder was für den Vorfall verantwortlich ist, um ihren Partner zu retten. Sie sucht nach Informationen über ähnliche Fälle, bei denen menschliches Gewebe auf so eine mysteriöse Art und Weise zersetzt wurde. Bei diesen Nachforschungen stößt sie auf die frühere Arbeit eines Dr. Walter Bishop. Agent Dunham vermutet, dass Bishop weiß, wie man den Zersetzungsvorgang aufhalten kann. Das Problem ist allerdings, dass Walter Bishop seit einem Laborunfall vor 17 Jahren, bei dem eine seiner Mitarbeiterinnen starb, in einer geschlossenen psychiatrischen Heilanstalt untergebracht ist. Zudem ist jeglicher Besuch untersagt, ausgenommen davon sind nur enge Familienangehörige. Von ihrem Vorgesetzten, Broyles, erhält sie keine große Unterstützung. Sie macht den einzigen Sohn Walter Bishops ausfindig, dieser hält sich aber im Irak auf. Dunham macht sich umgehend auf den Weg nach Bagdad, wo sie Peter Bishop trifft. Dieser versucht gerade, windige Geschäfte mit einigen Irakern abzuwickeln. Agent Dunham erklärt ihm, dass er in einer wichtigen Angelegenheit gebraucht werde und mit nach Boston fliegen soll. Peter Bishop zeigt keinerlei Interesse und lehnt ab. Agent Dunham offenbart Bishop, dass sie über umfangreiche FBI-Akten über ihn verfüge und erpresst ihn: Für den Fall, dass er ihr nicht helfen will, droht sie, ehemaligen Geschäftspartnern, seinen Aufenthaltsort mitzuteilen. Die Drohung zeigt Wirkung und beide fliegen nach Boston. Dort angekommen kann, Olivia Dunham mit der Hilfe von Peter Bishop die Entlassung seines Vaters veranlassen. Walter Bishop verfügt tatsächlich über das nötige Wissen, um Agent Scott möglicherweise zu heilen. Er verlangt dafür allerdings sein altes Labor, das sich im Keller der Harvard-Universität befindet und vor 17 Jahren geschlossen wurde. Das Team richtet sich im Labor ein und beginnt mit der Suche nach einem Heilmittel für Agent Scott. Unterdessen führen die Spuren des Vorfalls um Flug 627 zu dem mächtigen Technologiekonzern Massive Dynamic und dessen Gründer, William Bell, mit dem Walter Bishop früher zusammengearbeitet hat ...

Kommentar

Serienfans weltweit waren sehr gespannt auf die erste Folge von FRINGE. Immerhin startete hier eine neue, vielversprechende Serie von J.J. Abrams, der sich zuvor einen Namen mit Serien wie ALIAS und LOST gemacht hatte.

Und es sollte wieder ein Mysteryformat werden. Das war sicher Segen und Fluch zugleich, denn schon im Vorfeld wurde immer wieder die sehr erfolgreiche Serie LOST als Vergleich bemüht. Interessanterweise wurde schon früh vor der Ausstrahlung des Pilotfilms bekannt, dass die Geschichte der ersten Folge von einem mysteriösen Ereignis in einem Flugzeug handeln sollte. Auch bei der Pilotfolge von LOST ging es um ein Flugzeug, nur, dass dieses auf einer Insel abstürzte. Hat J.J. Abrams vielleicht eine besondere Vorliebe für Flugzeugunglücke in seinen Serien? In einem Interview zu FRINGE verneinte Abrams dies und erklärte, dass sich die Story mit dem Flugzeug für den FRINGE-Pilotfilm tatsächlich einfach so ergeben habe und man keinesfalls eine bewusste Ähnlichkeit zu LOST herstellen wollte.

Als wir das erste Mal Olivia Dunham sehen, liegt sie mit einem Mann im Bett, als ihr Handy klingelt und sie zum Flughafen gerufen wird. Dann klingelt auch das Handy des Mannes und man ahnt schon, dass die beiden möglicherweise zusammenarbeiten. Dieses wird in der nächsten Szene bestätigt, als sich die beiden am Flughafen wieder treffen. John Scott spricht Olivia dann auch mit Agent Dunham an, was uns in diesem Moment klar macht, dass die beiden Ihre Beziehung geheim halten. Immerhin sind sie beide FBI-Agenten und arbeiten zusammen. Klar, dass dies ihre Vorgesetzten nicht unbedingt gut finden würden. In dieser Szene lernen wir auch Agent Charlie Francis kennen, der in der Serie noch öfter zu sehen sein wird. Charlie ist einer von Olivias vertrautesten Kollegen beim FBI und zugleich ein enger Freund. Dunham trifft hier auch auf ihren zukünftigen Vorgesetzten Phillip Broyles, der eigentlich vom Heimatschutz, der Homeland Security, ist. Er behandelt sie von Anfang an herablassend und betrachtet die junge FBI-Agentin eher als Störfaktor bei einem so ungewöhnlichen Einsatz. Broyles gibt Dunham den Spitznamen „Agent Zuckerguss", was diese abwertende Haltung ihr gegenüber nochmals unterstreicht. Dies ist übrigens eine interessante, wie auch merkwürdige deutsche Übersetzung. Im englischen Original nennt er sie „Liaison", welches einfach ihre Funktion als Verbindungsbeamtin beschreibt. Das deutsche „Agent Zuckerguss" trifft die abfällige Haltung Broyles gegenüber Olivia eigentlich sogar etwas besser und lässt einen vermuten, er hält sie für ein „Zuckerpüppchen", auch wenn diese Interpretation etwas eigenwillig erscheint. Broyles erwähnt auch, dass er ganz genau wüsste, wer Agent Dunham sei. Damit spielt er auf einen früheren Fall von Olivia an, bei dem sie als Sonderermittlerin tätig war, und einen Freund Broyles hinter Gitter brachte. Sanford Harris hatte im betrunkenen Zustand drei Frauen sexuell belästigt, was Broyles als kleinen Fehltritt eines verdienten Mannes bezeichnet. Hier stellt sich die Frage, ob dieser Konflikt zwischen den beiden Charakteren noch weiter vertieft wird.

Überhaupt scheint Olivia Dunham sich in einer Welt von Machos zu befinden, die sie nicht so richtig ernst nehmen wollen. Sie wird sowohl von Broyles als auch von Peter Bishop mehrfach herablassend „Schätzchen" genannt. Beim Vorgesetzten Broyles lässt sie das durchgehen, bei Peter Bishop aber nicht. Erst zum Ende des Pilotfilms gesteht man ihr mehr Respekt zu. Die anfangs durch Olivias Erpressung gespannte Stimmung zwischen ihr und Peter lockert sich später, als sie ihm offenbart, dass die Drohung mit der angeblichen FBI-Akte nur erfunden war. Der Charakter des Peter Bishop wird als Welten-bummler, der sich mit kleinen Gaunereien über Wasser hält, eingeführt. Man fragt sich, warum er so ein Leben wählt, da er doch mit einem IQ von 190, als ein Genie gilt und zahlreiche Karrieremöglichkeiten hätte. Wir erfahren, dass er eine Zeit lang im Kasino sein Glück versuchte, aber dann betrogen wurde und nun einem Gangster Geld schuldet, weswegen er auch im Irak untergetaucht ist.

Ein weiteres Highlight ist die Einführung von Walter Bishop, Peters Vater. Als wir ihn das erste Mal sehen, ist er ein alter, runtergekommener Mann, der einen verwirrten Eindruck macht. Genauso wie man sich jemanden vorstellt, der 17 Jahre in einer Irrenanstalt verbracht hat. Trotzdem ist der erste Satz den Walter sagt auf irgendeine Art geheimnisvoll: „Ich wusste, dass jemand kommen wird. Irgendwann". Das lässt vermuten, dass er insgeheim wusste, dass seine geheimen Projekte für die Regierung, an denen er mal gearbeitet hat, ihn irgendwann wieder einholen würden. Und genauso ist es ja auch. Damals arbeitete er an einem Geheimprojekt, um eine Biowaffe für den Vietnamkrieg zu entwickeln. Diese gefährliche Substanz scheint nun doch noch zum Einsatz gekommen zu sein. Walter glaubt aber, dass es ihm gelingen könnte, ein Gegenmittel herzustellen. Walter muss aber nicht allein in seinem neuen alten Labor arbeiten. Als Laborassistentin lernen wir Agent Astrid Farnsworth kennen. Auch wenn sie die meiste Zeit im Labor an der Seite von Dr. Bishop verbringt, ist sie eine vollwertige FBI-Agentin. Astrid ist eine ausgezeichnete Computerexpertin und verfügt über fundierte Kenntnisse, auch auf vielen anderen Gebieten. Sie wird sich im Verlauf der Serie noch oft mit Walters verrückten Eigenheiten rumschlagen müssen.

Eine weitere, für die Handlung der Serie entscheidende Sache, ist die Einführung von Massive Dynamic. Walter erwähnt auf einer Autofahrt beiläufig, dass er mit William Bell früher zusammengearbeitet hat, weiß aber nichts von dessen späterer Karriere. Er hat keine Ahnung, was Massive Dynamic überhaupt ist, im Gegensatz zum Rest der Welt. Olivia und Peter können nicht glauben, dass dieser alte, kauzige Mann, den Sie gerade aus der Irrenanstalt geholt haben, mit einem der mächtigsten Männer der Welt in Verbindung stand. Die Drei fahren in dieser Szene an einem großen Werbeschild von Massive Dynamic vorbei, auf dem steht: „What we do? What don't we do" also in etwa: „Was wir tun? Was tun wir nicht?" Diese großspurige Werbung unterstreicht schon sehr gut, wie groß dieser Technologie-Konzern wohl sein muss und macht natürlich auch neugierig darauf, mehr zu erfahren.

Die Beziehung zwischen Peter Bishop und seinem Vater steht von Anfang an unter keinem guten Stern. Peter wollte nichts von seinem Vater wissen und erst recht nicht, für ihn Verantwortung übernehmen. Als Walter den halbtransparenten Körper von Agent Scott untersucht und eine Probe nehmen will, hält Peter ihn auf. Er kann nicht fassen, dass Olivia Walter ohne Bedenken mit einem Skalpell an dem Mann, den sie liebt, rumschneiden lassen will. Für Peter ist sein Vater ein verwirrter, alter Mann, der irgendwann vielleicht mal so etwas wie ein Genie war, heute aber sicher nicht mehr. Olivia Dunham aber will ihren Freund und Partner retten und ist dafür auch bereit, dieses Risiko einzugehen. Walter Bishop, so verwirrt er auch scheint, ist die einzige Hoffnung, die sie hat. Für Peter ist es völlig unverständlich, wie eine anscheinend völlig rationale Frau sich auf so ungewöhnliche und auch gefährliche Ideen wie die von Walter einlassen kann. Dies zeigt sich besonders in der Szene als Walter das Experiment mit dem geteilten Traumzustand vorschlägt. Olivia ist trotz der umfangreichen Risiken sehr schnell bereit, sich darauf einzulassen. Peter findet diese Idee auch deshalb absurd, weil sie überhaupt keinen wissenschaftlichen Hintergrund hat. Hier wird schon die Aufteilung der Charaktere in Skeptiker und Glaubende sichtbar, die es auch schon bei Akte-X in Form von Mulder und Scully gab.

Beeindruckend ist Olivias erster Besuch in den heiligen Hallen von Massive Dynamic. Alles ist in einem sterilen Weiß gehalten und an den Wänden laufen auf unsichtbaren Displays überall diverse Texte. Sie lernt dort Nina Sharp kennen, die rechte Hand von William Bell, und das kann man auch mehrdeutig verstehen. Nina verlor ihren rechten Arm als bei ihr Krebs festgestellt wurde. William Bell entwarf einen vollständig kybernetischen Arm für Nina Sharp, der höher entwickelt ist, als alles, was bisher bekannt ist. Als Nina diesen Arm präsentiert, ist man als Zuschauer völlig überrascht und fühlt sich an die Terminator-Filme erinnert. Ganz klar eines der Highlights des Pilotfilms, das schon ahnen lässt, über welche Technologien Massive Dynamic wohl noch verfügen muss. Noch eine große Überraschung ist aber die Enthüllung, dass Agent Scott ein Verräter ist. Er nimmt sogar in Kauf, Olivia zu verletzten oder sie sogar zu töten, als er versucht, ihr Auto bei der Verfolgungsjagd von der Straße zu drängen. Eine sehr dramatische Szene gerade, nachdem Scott Olivia seine Liebe gestand und sie die ganze Zeit um sein Leben gekämpft hat. Sein (vermeidlicher?) Tod am Ende der Folge lässt Agent Dunham ratlos, gleichzeitig aber auch hoch motiviert die Hintergründe aufzudecken zurück. Zudem hat sie von ihrem Vorgesetzten Broyles, der ihr zum Ende hin plötzlich Respekt erweist, zum ersten Mal etwas von dem Schema erfahren. Sie weiß, dass sie da in eine Sache hineingeraten ist, die wirklich groß zu sein scheint. Dies war erst der Anfang und Olivia weiß, dass sie auch in Zukunft die Hilfe von Peter und Walter Bishop benötigt. Olivia ahnt auch, dass sie bald wohl mehr Gegner als Verbündete haben wird. Das Team ist zusammengestellt und es wurden viele Fragen in den Raum geworfen. Die letzte Kameraeinstellung lässt uns mit einem großen Fragezeichen zurück. Somit ist die Grundlage für viele weitere spannende Folgen gelegt worden und damit hat der Pilotfilm seine Aufgabe gut erledigt. Man darf gespannt sein, wie es weitergeht.

Highlight

- Nina Sharps kybernetische Armprothese und ihr Wissen von dem Schema demonstrieren wie übermächtig und einflussreich Massive Dynamic sein muss.

Symbolcode

- Schmetterling l.M., Blatt l.o., Hand l.u., Apfel l.u., Frosch r.u., Hand l.M., Apfel l.u., Frosch r.u.= O.B.S.E.R.V.E.R = Beobachter

Der Beobachter

- Der Beobachter taucht auch hier im Pilotfilm schon auf! Ungefähr bei Minute 53.03 in der Szene wo wir das Massive Dynamic Hauptgebäude sehen kurz bevor es Olivia betritt. Dort trägt er Mantel, Hut und einen Aktenkoffer.

Bishopologie

- Peter: „Tag Walter."
- Walter: „Ich hatte gedacht du wärst Fetter!"
  Als sich Walter und Peter zum ersten Mal nach 17 Jahren wiedersehen.
- Walter: „Oh….ich glaube ich habe mich vollgepisst!"
  Walter unvermittelt auf der Autofahrt.

Besonderes

- In einer Kameraeinstellung am Flughafen ist in einer der Turbinen ein „M" als Logo zu sehen. Das Firmenlogo von Massive Dynamic.
- In der Sequenz als Olivia sich in der Traumsequenz befindet sieht man auf einem Grabstein hinter ihr die Aufschrift „Er ist nicht tot"(He is not dead). Es ist anzunehmen, dass sich dies auf ihren Partner Scott bezieht.
- In derselben Traumsequenz sieht Olivia das Kajak Ihres Onkels über ihren Kopf schweben. Darauf ist das Wort „Zeno" zu lesen. Massive Dynamic hat

eine spezielle Forschungsabteilung die sich mit der Möglichkeit von Teleportation beschäftigt. Der Name dieser Abteilung lautet „Zeno Transit Initiative". Teleportation wird im Verlauf der ersten Staffel noch ein wichtiges Thema werden.

- In der Pilotfolge heißt der Konzern noch Massive Dynamics. Später wurde das „s" dann weggelassen.
- In derselben Szene, in der der Beobachter auftaucht, (siehe oben) ist im Vordergrund ein Aufkleber mit einem Stift und einer Rose zu sehen. Im Englischen wäre das dann *Pen* und *Rose*. Dies ist der Hinweis auf die erste reguläre Episode von Fringe*: 1x02 Das Experiment*. Dort lernen wir Dr. Claus <u>Penrose</u> kennen.
- In derselben Szene wo der Beobachter zu ersten Mal auftaucht, ist im Vordergrund kurz ein Aufkleber mit einer Internetadresse zu sehen: www.glowingmonkey.com. Diese Webseite beschäftigt sich mit vielen wissenschaftlichen Themen wie zum Beispiel Genetik, Robotik, oder Nanotechnologie und war eine der Inspirationsquellen für die Macher von FRINGE.

Unterschiede zum Drehbuch des Pilotfilms

- Der Hauptcharakter Olivia Dunham hieß im Drehbuch noch Olivia Warren.
- Massive Dynamic hieß im Drehbuch erst „Prometheus".
- Nina Sharp hieß eigentlich Nina Cord.

Noch Fragen?

- Für wenn arbeitet John Scott wirklich? Wir sehen, wie Nina Sharp seine Leiche in ein Labor bringen lässt. Verfügt Massive Dynamic über hoch entwickelte Medizin, sodass sie ihn eventuell wiederbeleben können? Und wenn ja: welches Interesse hätten sie daran?
- Wir erfahren, dass Walter an der Entwicklung einer geheimen biologischen Kriegswaffe beteiligt war. An welchen geheimen Projekten arbeitete Walter Bishop wohl noch?

- Nina Sharps Armprothese ist so hoch entwickelt, dass man sie nicht von einem menschlichen Arm unterscheiden kann. Besteht die Möglichkeit, dass Massive Dynamic eventuell sogar schon komplett menschliche Androiden gebaut hat oder daran arbeitet? Ist Nina Sharp vielleicht sogar ein Cyborg?
- Was genau will Massive Dynamic mit dem toten Körper von John Scott?Wie wollen sie ihn befragen?
- Was passierte bei dem Laborunfall vor 17 Jahren in Walters Labor?

„Es ist so als würde jemand rumexperimentieren nur ist die ganze Welt das Labor.“
Phillip Broyles,Folge #1x01 Pilot

Folge #1X02: „Das Experiment“

Originaltitel:	„The Same Old Story“
Erstausstrahlung USA:	16. September 2008
Erstausstrahlung DE:	23. März 2009
Drehbuch:	J.J. Abrams, Alex Kurtzmann, Roberto Orci, Jeff Pinker
Regisseur:	Paul A. Edwards
Wertung:	7/10

Gastdarsteller:
Mark Blum (Dr. Claus Penrose), Darek Cecil (Cristopher), Bernie McInerney(old Christopher), Ty Jones (Doktor), Elisabeth Stanley (Victim), Carmen Goodine (Victim), Jack O'Connel (Male Resident), Jacqueline Hendy (Nina's Assistant), Danielle Skraastad (Nurse),

Inhalt
Mitten in der Nacht wird eine halbnackte Frau vor einem Krankenhaus aus-

gesetzt. Sie ist offensichtlich schwanger und hat starke Schmerzen. Die Ärzte bringen sie sofort in einen Operationssaal. Sie fragen die verängstigte Frau, wie weit fortgeschritten die Schwangerschaft schon sei, worauf hin die Frau bestreitet, überhaupt schwanger zu sein. Kurz darauf stirbt sie noch auf dem Operationstisch. Den Ärzten bleibt keine Zeit mehr, sie müssen das Ungeborene sofort mit einer Notoperation aus dem toten Körper entfernen, dabei erleben sie eine furchtbare Überraschung: Das Baby ist außergewöhnlich groß und hat starke Schmerzen. Es wächst und altert im Zeitraffer direkt vor den Augen der Ärzte, bis es schließlich an Altersschwäche stirbt. Agent Dunham soll zusammen mit Walter und Peter Bishop diesen Fall untersuchen. Zu diesem Zweck schaffen sie die Leiche in das Labor. Als Olivia Spuren in dem Hotelzimmer, in dem die Frau in der Nacht zuvor war, untersucht, stößt sie auf Hinweise, die auf einen Fall deuten, an dem sie früher schon gearbeitet hat. Ein Serienkiller, der nie gefasst wurde, hatte anscheinend mit der Frau Kontakt. Inzwischen erinnert sich Walter an einen früheren Kollegen, mit dem er an Experimenten arbeitete, die den mysteriösen Altersvorgang erklären könnten: Dr. Claus Penrose. Das Team erhofft sich von Dr. Penrose weitere Informationen zu bekommen, die möglicherweise helfen, den Vorfall aufzuklären und somit auch dem Serienkiller auf die Spur zu kommen. Denn dieser ist immer noch frei und hat sein nächstes Opfer schon gefunden ...

Kommentar
Dass die erste reguläre FRINGE-Folge gleich einen so hohen Gruselfaktor aufweisen würde, hatte ich nicht erwartet. In der Tat wäre die Story auch sehr gut für einen Horrorfilm geeignet. Schon der Anfang legt ein rasendes Tempo vor, das den Puls ordentlich in die Höhe treibt. Ein Mann möchte sich mit einer Prostituierten in einem Stundenhotel vergnügen. Eigentlich hat er aber noch etwas ganz anderes mit ihr vor. Als der Mann im Bad seine Tasche auspackt und man das ganze, chirurgische Werkzeug zu sehen bekommt, ahnt man schon, dass diese Nacht für die Frau eher nicht gut ausgehen wird. Allerdings auf ganz andere Art und Weise, als es zuerst den Anschein macht. Die darauffolgende Szene hat es wirklich in sich. Als die Frau auf dem Operationstisch verstirbt und die Ärzte ihren Körper öffnen, um das vermeintliche Kind

zu retten, wird es gruselig. Ein Baby, das in Rekordzeit wächst und kurze Zeit später an Altersschwäche stirbt. Das ist schon eine sehr bizarre Geschichte, die an gute alte Akte-X Zeiten erinnert.

Nach dem Vorspann folgt die nächste höchstinteressante Szene: Wir sehen Phillip Broyles, Olivias Vorgesetzten, in einem abgedunkelten Konferenzraum. An einem großen Tisch sitzen einige unbekannte Personen, neun an der Zahl. Sie scheinen irgendwie alle wichtig zu sein. Eine der Personen kennen wir aber doch schon: Nina Sharp, die Vizepräsidentin von Massive Dynamic, ist anwesend! Das ist wirklich eine Überraschung, gleich zu Beginn dieser Folge. Broyles erklärt, das dieses Komitee die Aufgabe hat, die vermehrt vorkommenden mysteriösen Ereignisse, die man als „das Schema" bezeichnet, zu deuten. Er stellt dem Komitee sein neues Team vor, das er zu diesem Zweck zusammengestellt hat und dabei erfährt man einige interessante Details. So erwähnt Broyles, dass Walter Bishop als legitimer Nachfolger Albert Einsteins gehandelt wird und sein Sohn Peter über einen IQ von 190 verfügt. Auch von Olivia Dunham spricht er voller Lob, weil sie es geschafft hat, John Scott zu überführen. Trotz ihrer persönlichen Beziehung zu ihm und dem daraus resultierenden Schmerz über den Verrat. Olivia Dunham hat sich in kürzester Zeit den Respekt von Broyles gesichert, denn nun weiß er, dass sie, was ihre Arbeit angeht, absolut zielorientiert und verbissen ist. Er braucht jemanden, der gegen jeden Widerstand nicht nachgeben wird, die Wahrheit ans Licht zu bringen und Olivia scheint genau die Richtige zu sein. Interessanterweise hat Nina Sharp an jedem Einzelnen aus Broyles neuem Team etwas auszusetzen. Ihrer Meinung nach ist Walter ein gefährlicher Irrer, Peter ein Betrüger und Olivia inkompetent. Sie ist überhaupt die Einzige des Komitees, die etwas dazu sagt. Gerade die Kritik an Olivia erscheint hier aber etwas zwielichtig, denn wie man später erfahren wird, hält Nina Sharp sie in Wirklichkeit keineswegs für inkompetent. Im Gegenteil, es scheint so, als wenn ihr nur nicht gefallen würde, für welche Seite Olivia Dunham arbeitet. Vielleicht ahnt Nina zu diesem Zeitpunkt schon, dass Broyles neue Agentin mehr Licht ins Dunkel bringen wird, als ihr lieb ist.

Als Olivia später zu Massive Dynamic fährt, um das Laser Optik Instrument auszuleihen, gibt es eine Szene, wo sie zusammen mit Broyles im Foyer auf

Nina wartet. Nach einem kurzen Wortwechsel krümmt sie sich plötzlich vor Schmerzen, etwas scheint sich in ihrem Bauch zu bewegen. Aber es war nur ein Tagtraum. Eine Szene, die mich an die „Alien" Filme erinnerte. Die Serienmacher bauen immer wieder geschickt solche Horrorelemente mit in die Handlung ein. Das anschließende Gespräch zwischen Olivia und Nina Sharp fällt sehr kurz, aber informativ aus. Nina spricht ihr Mitgefühl für den Verlust ihres Partners Agent Scott aus und lässt sie wissen, dass sie sehr wohl weiß, dass die beiden eine Beziehung hatten und Scott als Verräter enttarnt wurde. Olivia bleibt nichts anderes übrig als hinzunehmen, dass Nina Sharp schon wieder demonstriert, dass Massive Dynamic über jegliche FBI-internen Informationen verfügt. Es scheint so, als wenn Nina sie aber genau das auch wissen lassen wollte. Wir haben im Pilotfilm gesehen, dass die Leiche von Agent Scott auf Anweisung von Nina in ein Labor gebracht wurde, um sie zu befragen. Die Frage, was sie mit dem Leichnam gemacht haben, bleibt weiter ungeklärt.

Dass Olivia die schockierende Wahrheit um ihren Ex-Partner und Lebens-gefährten John Scott noch zu verarbeiten hat, wird gleich zu Beginn der Folge aufgegriffen. Eine Montage mit schnellen Bildern visualisieren Olivias Gedanken, die sie quälen und nicht schlafen lassen. Peter Bishop kann sich mit seiner neuen Lebenssituation so gar nicht anfreunden. Er weiß immer noch nicht genau, warum eine Sondereinheit des FBI ihn und seinen Vater so dringend braucht. Deshalb erklärt Broyles ihm das Flug 627 und der kuriose Vorfall im Krankenhaus alles andere als Einzelfälle sind. Es gibt ein Muster und alle Vorfälle haben einen wissenschaftlichen Hintergrund. Bei der Komitee-sitzung am Anfang der Folge erwähnt Nina Sharp, dass in einem FBI-Bericht die These aufgestellt wird, dass Walter Bishops frühere Forschungen sogar der Ursprung all dieser Phänomene sein könnten. Dies ist in der Tat ein interessanter Ansatz, den man für den weiteren Verlauf der Staffel im Hinter-kopf behalten sollte.

Am Ende der Folge gibt es noch eine sehr schöne Szene zwischen Vater und Sohn: Walter kann nicht einschlafen und zählt laut vor sich hin. Peter beginnt dann „Row, row row your Boat" zu singen. Woraufhin sein Vater dann auch einschlafen kann. Walter erwähnt am Anfang der Episode, als Peter ihn im

Schrank findet, dass in St. Claires ein Patient namens Carlos jeden Abend dieses Lied gesungen hat und es ihm nun schwerfällt, ohne den Gesang einzuschlafen. Schließlich hat er es 17 Jahre lang jede Nacht gehört. Das Schlussbild der Folge wirft wieder einige Fragen auf: Wir sehen einen kleinen Laborraum in dem drei Männer liegen. Allerdings sehen alle gleich aus. Sind dies etwa geklonte Menschen? Vom Labor selber sieht man nicht viel, aber irgendwie vermutet man, dass es eine Einrichtung von Massive Dynamic ist.

Highlight

- Die gruselige Anfangsszene mit dem mutierenden Baby im Krankenhaus.

Symbolcode

- Für diese Folge gab es sogar zwei unterschiedliche Symbolcodes:
  Blatt l.o, Frosch r.u, Apfel l.u., Blume l.u., Apfel r.u.= B.R.E.L.D
  Dies war der Originalcode, der bei der ersten Ausstrahlung ein-geblendet wurde. Später auf der DVD gab es einen anderen Code:
  Apfel l.o, Blatt l.o., Blume l.o, Blume l.u., Apfel r.o.= C.H.I.L.D (Kind)

Der Beobachter

- Ziemlich genau bei Minute neun steht er hinter einem Krankenhaustresen, als Broyles und das Trio um die Ecke kommen, um den gealterten Leichnam in Beschau zu nehmen. Er blickt ihnen die ganze Zeit auch hinterher, was sehr merkwürdig aussieht, wenn man darauf achtet.

Bishopologie

- Walter: „Es wärmt einen den Arsch. Wundervoll!"
  Walter, als er zum ersten Mal eine Sitzheizung in einem Auto testet.
- Walter: „Junge, wir machen gerade Popcorn!"
  Als Peter anruft und fragt, wie er die sterbende Frau retten kann.

- Walter: „Nicht mal Kondome sind zu 100% sicher. Das sollte euch immer bewusst sein!"
  Walter zu Olivia und Peter im Labor.

Besonderes

- In der Anfangsszene, als Broyles zum Komitee redet, sieht man im Hintergrund eine Art Wappen an der Wand, mit folgendem Text: „Pro patria et Gloria". Das ist lateinisch:
  „Für Ruhm und Vaterland"
- Bei Minute 42:11 ist auf dem Einbahnstraßenschild vor dem Massive Dynamic Gebäude ein Aufkleber mit der Aufschrift „Voces Video" zu sehen. Nur ganz kurz während des Kameraschwenks! Das ist lateinisch für „See Voices", also „Stimmen sehen". Eine Anspielung auf die nächste Folge. Dort ist Roy McComb in der Lage, Stimmen als Bilder in seinem Kopf zu empfangen.
- Die Zahlenkombination für Walters Garage lautet: 314159. Dies sind die ersten 6 Ziffern der Zahl PI.
- Die Zahlen, die Walter laut aufsagt, um einschlafen zu können, stammen aus der Fibonaccifolge. Einer in der Mathematik bekannten unendlichen Zahlenfolge. Diese wird im Verlauf der Serie noch öfter auftauchen.

Noch Fragen?

- Walter erwähnt gegenüber Olivia Peters Krankengeschichte und ist überrascht, dass sie nichts darüber weiß. Was meinte Walter? Hat Peter Bishop irgendeine schwere Krankheit? Warum möchte Walter, dass Peter nichts darüber erfährt?
- In der letzten sehr kurzen Szene sehen wir drei Männer in einem Laborraum. Zwei von ihnen liegen in einer Art durchsichtigen Röhre. Wenn man genau hinsieht, stellt man fest, dass alle drei gleich aussehen. Das scheinen möglicherweise Klone zu sein. Walter erwähnte, dass er früher daran arbeitete, Soldaten zu züchten. Irgendjemandem scheint dies gelungen zu sein. Wer hätte dazu die Möglichkeiten? Es drängt sich der Verdacht auf, dass dahinter nur Massive Dynamic stecken könnte.

- Wer sind die ganzen anderen Personen, die im Komitte sind?

„Die größte Herausforderung für einen Wissenschaftler ist es, die Schöpfung so zu lassen, wie sie ist und nicht etwa selbst Gott spielen zu wollen."
Walter Bishop 1x02 - Das Experiment

Folge #1X03: „Roy"

Originaltitel:	„The Ghost Network"
Erstausstrahlung USA:	23. September 2008
Erstausstrahlung DE:	30. März 2009

Drehbuch:	David H. Goodman, J.R. Orci
Regisseur:	Frederick E.O. Toye
Wertung:	7/10

Gastdarsteller:
Chris Fischer(Polizist), Clark Jackson(Pastor), Kevin Isola(Techniker), Peggy Scott(Mrs. Scott), Brian Tarantina, Donnie Keshawarz(Gerad), David Lansbury(Geschäftsmann), Peter Hermann(Grant Davidson), Zak Orth(Roy McComb),David Fonteno(Father Kent), Megan Neuringer(Paula),Brandon Gill(Student),Jasper Mcgruder(Controll Room Tech),Chris Fischer(Uni Cop),Mira Tzur(Anna Jiminez), Mark Valley(John Scott),

Inhalt
Ein junger, verzweifelter Mann, Roy McComb, offenbart einem Pastor bei der Beichte, dass er furchtbare Visionen von sterbenden Menschen in einem Bus hat. Zeitgleich passiert tatsächlich ein Anschlag: Ein Mann zündet in einem Linienbus eine Chemiebombe. Das ausgetretene Gas verfestigt sich nach kurzer Zeit, sodass alle Menschen in dem Bus wie in Bernstein eingeschlossen

werden und ersticken. Es wird schnell klar, dass dies ein weiterer Vorfall ist, den man dem Schema zuordnen kann. Somit wird Broyles Team an den Tatort bestellt. Walter Bishop findet auf Anhieb keine Erklärung und will die Substanz im Labor untersuchen. Das FBI verdächtig Roy McComb aufgrund seiner Vorhersage des Anschlages, einer der Hintermänner zu sein. Es stellt sich aber heraus, dass dieser Mann aufgrund von illegalen Experimenten in der Lage ist, die Kommunikation der Organisation, die hinter dem Vorfall steckt, mental zu empfangen. Das Team sieht die Chance, mithilfe von McComb mehr über die Hintermänner und weitere bevorstehende Anschläge zu erfahren ...

Kommentar

Die dritte Folge der ersten Staffel FRINGE offenbart uns weitere erstaunliche Einblicke in das Serienuniversum und deren Charaktere. Genau wie in Folge *1x02 Das Experiment* wird man am Anfang mit einem wahren Horrorszenario konfrontiert. Dann sehen wir Olivia Dunham auf der Beerdigung ihres Partners John Scott. Man merkt ihr deutlich an, dass sie sich unwohl fühlt und wütend ist, da ein Verräter nun auch noch als Held verabschiedet wird. Der persönliche Schmerz und die Enttäuschung sind einfach noch zu frisch. Ihr Freund und Kollege Charlie tröstet Olivia mit einem herzlichen Spruch, der ihr auch sofort ein Lächeln auf die Lippen zaubert. Allerdings wirkt Olivia irgendwie allein und verloren, fast so, als sei Charlie ihr einziger Halt, den sie momentan noch hat.

Ein Sprung zu Peter und Walter Bishop, die gerade in einen Imbiss sitzen und etwas trinken. Peter verlässt den Tisch kurz, um etwas zu erledigen. Hier folgt eine typische Walter Szene: Peters Handy fängt plötzlich an, sich brummend über den Tisch zu bewegen, das FBI ruft an, um ihn über den neuen Vorfall zu informieren. Walter erschrickt sichtlich und „fängt" das Telefon, als sei es ein lebendes Tier. Mit staunendem Blick führt er es an sein Ohr und nimmt den Anruf mit zufriedenem Blick entgegen. Wenn man sich vorstellt, 17 Jahre lang fast nichts von der Außenwelt mitbekommen zu haben, kann man gut nachvollziehen, wie futuristisch einem die aktuelle Technik vorkommen muss. Mit dieser kleinen Szene wird ein Kern der Serie ganz subtil widergespiegelt: der immer rasantere Fortschritt von Technologie in unserer Zeit. Dann folgt eine Szene, die vermittelt, dass Peter Bishops Rückkehr in die USA nicht unbemerkt geblieben ist. Peter geht gerade den Gang im Imbiss herunter, als er sich plötzlich umdreht und einen Mann, der an der Bar sitzt, packt, und ihn zur Rede stellt. Dieser hatte ihm anscheinend die ganze Zeit über hinterher spioniert und heimlich Fotos gemacht. Peter nimmt die Speicherkarte aus der Kamera, woraufhin der Mann ihm sagt, er hätte sich melden sollen, bevor er wieder zurück (in die USA) kommt. Peter droht dem Mann Gewalt an, falls dieser weitererzählen würde, wo er ist. Dann lässt er den Mann los und geht zurück zu Walter an den Tisch. Der Unbekannte verlässt zerknirscht den Imbiss. Hier wird wieder Peters unbekannte dunkle Vergangenheit ein wenig beleuchtet. Wir wissen, dass er irgendwelche krummen Geschäfte mit zwielichten Leuten gemacht hat und dass er jemandem noch Geld schuldet. Das war einer der Gründe, warum er sich im Irak versteckt hatte. Zum ersten Mal nach dem Pilotfilm wird dem Zuschauer wieder klar gemacht, dass auch Peters Vergangenheit ihn früher oder später wieder einholen wird und das ist etwas, was er mit seinem Vater gemeinsam hat. Walter fragt Peter später nach dem Vorfall in dem Imbiss und wirkt dabei besorgt. Er weiß, dass ihm sein Sohn nicht die Wahrheit sagt und etwas verheimlicht. So verwirrt Walter auch sein mag: Er hat die Auseinandersetzung von Peter mit dem Mann genau mitbekommen und weiß insgeheim, dass sein Sohn in irgendwelchen Schwierigkeiten steckt.

Am Tatort treffen die Bishops auf Olivia und Broyles. Das Team ist sichtlich geschockt aufgrund des Anblickes, der sich ihnen bietet. Walter will eine Probe der Substanz im Labor untersuchen und schon befindet sich das Team mitten in einem neuen Fall. Interessant ist hierbei auch die Einführung der Personen hinter diesem Vorfall. Wir sehen zuerst nur einen gut gekleideten Mann, der dann plötzlich mit Gasmaske ausgestattet eine Chemiebombe im Bus zündet. Später sehen wir weitere Männer, die alle Anzüge tragen und in der geklauten Tasche nach etwas suchen. Was das ist, wissen wir zu diesem Zeitpunkt noch nicht. Der Ort, wo sich die unbekannten Männer aufhalten, sieht wie eine Katakombe oder ein Kellerraum aus. Jedenfalls scheint es ein altes Gebäude zu sein. Fast wie das Gewölbe einer Kirche. Auffällig ist, dass sie bei Telefonaten ausschließlich Latein sprechen. Zum ersten Mal sehen wir Mitglieder der Organisation, die möglicherweise verantwortlich   für die

Vorfälle rund um das Schema sind. Es stellt sich heraus, dass eines der Opfer im Bus eine Beamtin der Drogenfahndung war, woraufhin Agent Dunham den Vorgesetzten in die FBI-Zentrale bestellt. Dieser erzählt, dass seine Agentin gerade undercover bei einem Drogenkartell ermittele. Dort hörte sie *irgendetwas* von einem Schema und bekam es mit der Angst zu tun. Broyles und Dunham nehmen das natürlich erstaunt zur Kenntnis, kommentieren dies aber nicht weiter. Der Mann scheint keine Infos zu dem Vorfall im Bus beitragen zu können, bittet Olivia aber, sich von dem Leichnam seiner Kollegin verabschieden zu können. Natürlich gewährt Dunham ihm dies, schließlich kann sie sehr gut nachfühlen, wie es ist, den Partner zu verlieren. Wie sich später rausstellt, gehört Grant Davidson zu den Tätern, die für den Busvorfall verantwortlich sind. Als er mit der Leiche seiner Partnerin allein im Raum ist, entfernt er ihr aus der Hand einen gläsernen Chip. Dieser wird am Ende der Folge noch eine wichtige Bedeutung bekommen.

Nachdem es im Labor geglückt ist, die Substanz zu reproduzieren, darf Olivia Massive Dynamic abermals einen Besuch abstatten, denn wer sonst hätte noch die Möglichkeiten, so etwas zu produzieren. Diesmal schlägt Agent Dunham aber doch einen etwas provokanteren Ton an. Sie arbeitete in der letzten Zeit an einigen wirklich ungewöhnlichen Fällen, die alle etwas mit geheimer Technologie und Forschung zu tun hatten. Und irgendwie führen alle Spuren auf die eine oder andere Art und Weise immer zu Massive Dynamic. Nina Sharp winkt ab und meint nur, dass die Firma eben so groß sei, dass nahezu alles, was mit Technik und Wissenschaft zu tun hat, irgendeine Verbindung zu Massive Dynamic besitzt. Anschließend überreicht sie Olivia die gewünschten Unterlagen und merkt an, dass diese ihr bei der Aufklärung der Anschläge helfen sollten. Dunham verwirrt es, dass Sharp hier in der Mehrzahl spricht. Wieder erklärt Nina ihr, dass sie von ihrem Vorgesetzten Broyles wohl nicht alle nötigen Informationen bekommen hat, was Olivia auch in der Tat zu denken gibt. Dies ist ja nicht das erste Mal, das Nina mehr weiß als sie selbst. Wenn man dieses zusammen mit ihrem Versuch, Olivia abzuwerben, betrachtet, wird klar, dass es Nina Sharp ein großer Dorn im Auge sein muss, dass Phillip Broyles sie in seinem Team hat. Olivia konfrontiert Broyles später auch damit, dass er ihr ständig Informationen vorenthält, die sie für ihre

Ermittlungen benötigen würde. Dieser reagiert sogar verständnisvoll und versichert ihr, dass dies nur zu ihrem Besten sei. Er bittet Olivia um Vertrauen und erklärt, dass es wohl etliche Personen mit großem Einfluss gibt, die ihnen Schwierigkeiten machen könnten, wenn zu viele Informationen nach außen dringen. Am Ende der Folge will Broyles aber doch ein Zeichen des Vertrauens setzen. Er übergibt Olivia Akten, die Informationen von drei weiteren Schema-Vorfällen beinhalten. Diesen Vertrauensbeweis weiß sie auch zu schätzen. Doch dieses Vertrauen wird gleich wieder infrage gestellt: Broyles trifft sich am Ende der Folge mit einer Person und übergibt ihr den sichergestellten Glas-Chip. Die Person ist Nina Sharp! Das ist wirklich ein Hammer, mit dem man nicht rechnet und der Raum für Spekulationen lässt. Broyles spricht bei dieser Gelegenheit aber auch den Abwerbungsversuch von Nina an. Beide sind einer Meinung, was die Qualitäten und Fähigkeiten von Olivia Dunham betrifft. Anscheinend wird sie ziemlich hoch gehandelt. Die letzte Szene setzt noch einmal einen drauf: Nachdem Broyles gegangen ist, bringt Nina den Chip in einen kleinen Laborraum. Dort liegt der (tote?) Körper von John Scott, Olivias früheren Partner, der eigentlich gerade erst beerdigt wurde. Auch er hatte anscheinend einen dieser speziellen Chips implantiert. Ein Mitarbeiter erklärt Nina, dass man seit 72 Stunden Daten herunterlädt. Er erwähnt auch einen Code, den man möglicherweise bald entschlüsseln könnte. Spätestens hier wird klar, dass Massive Dynamic sehr wohl weiß, was es mit den mysteriösen Chips auf sich hat. Aber auch Broyles weiß sehr viel mehr, als er zugibt. Immerhin hat er Nina Sharp den Chip anvertraut. Sicher, weil er weiß, dass nur Massive Dynamic in der Lage ist, die Daten zu entschlüsseln. Diese Folge hinterlässt uns also mit interessanten Einblicken und einer Menge Fragen. Aber keine Sorge, davon wird es in der nächsten Folge noch viel mehr geben.

Highlight

- Wir sehen zum ersten Mal einige der Hintermänner der Organisation, die möglicherweise hinter dem Schema stecken. Sie sprechen aus irgendeinem Grund lateinisch.
- Agent Scotts Körper in einem Massive Dynamic Labor.

Symbolcode

- Der Symbolcode in dieser Folge setzt sie wie folgt zusammen: Blatt, Apfel, Blatt, Apfel, Frosch. Laut Codeschlüssel also: Aeger = Latein, für „sick"= englisch „krank"

Der Beobachter

- Der Beobachter taucht in dieser Folge erst fast am Ende auf. Als Olivia am Bahnhof durch den Zug geht, steht er bei einem Abteilungsdurchgang. Sie geht direkt an ihm vorbei! Zu sehen ungefähr bei Minute 40:34.

Bishopologie

- Walter: „Es hat sich bewegt, aber ich habe es aufgehalten!" Als Peters Handy klingelt.
- „Verlangen sie von mir, dass ich ihn am Leben lasse?" Walter zu Broyles im Bezug auf den Versuch an Roy McComb.

Besonderes

- Ungefähr bei Minute 41:23 sieht man an einer Wand in der U-Bahn-Station einen Pfeil, der auf ein Schild zeigt. Auf diesem Schild ist ein Zylinder zu sehen, der in der nächsten Folge *1x04 Die Ankunft* eine wichtige Rolle spielen wird.
- Die trauernde Mutter von John Scott wird von der Schauspielerin Peggy Scott gespielt.

Noch Fragen?

- Wer ist die geheime Organisation hinter dem Schema? Warum sprechen sie teilweise lateinisch?
- Was hat es mit dem Glas-Chip auf sich? Wie viele davon gibt es und zu welchem Zweck? Was weiß Massive Dynamic darüber?

- Welchen Code will Nina Sharp entschlüsseln?
- Ist John Scott noch am Leben? Hat Massive Dynamic die Beerdigung inszeniert?
- Warum übergibt Broyles Nina Sharp den Chip? In welcher Form arbeitet er noch mit ihr zusammen?
- Was für Probleme hat Peter Bishop genau und mit wem?

Folge #1X04: „Die Ankunft"

Originaltitel:	„The Arrival"
Erstausstrahlung USA:	30. September 2008
Erstausstrahlung DE:	6. April 2009
Drehbuch:	J.J Abrams, Jeff Pinker
Regisseur:	Paul Edwards
Wertung:	9/10

Gastdarsteller:
Michael Kelly(John Mosley),Michael Cerveris(Der Beobachter),Nestor Serrano(Henry Jacobson), Ash Roeca(Agent Rodriguez),Lisa Joyce(Young Waitress),Nancy Ticotin(older Waitress),David Sajadi(Technician), Jennifer Ikeda(Agent Chaperone), Tim Cox(Construction Foreman), Melinda Hall(Restaurant Patron),

Inhalt
Ein merkwürdiger, kahler Mann sitzt in einem Cafe und beobachtet eine gegenüberliegende Baustelle. Plötzlich bebt die Erde, ein Baukran stürzt um und die Menschen flüchten in Panik. Die Ursache für dieses Erdbeben ist ein mysteriöser, metallischer Zylinder, der sich unterirdisch durch die Erde gegraben hat. Dieser wird von den Behörden sichergestellt und in eine geheime Lagerhalle gebracht. Offiziell wird der Vorfall als Gasexplosion gehandelt. Das Team um Agent Olivia Dunham wird zu dem geheimen Versteck beordert, um den Zylinder zu begutachten. Walter Bishop lässt ihn in das Labor im Keller

der Harvard-Universität bringen, um ihn untersuchen zu können. Peter Bishop erklärt Olivia, dass dies der letzte Fall sein wird, bei dem er ihr helfen werde. Broyles schickt Dunham zu Henry Jacobsen, einem früheren Kollegen, um ihn zu den aktuellen Ereignissen zu befragen. Dieser leitete 1987 die Untersuchungen, als erstmals ein Zylinder dieser Art aufgetaucht ist. Unterdessen wird die Lagerhalle von einem unbekannten Mann überfallen, der es auf den Zylinder abgesehen hat. Er schaltet sämtliche Sicherheitsleute mit einer Hightech-Waffe aus, doch er weiß nicht, dass sich der Zylinder schon in Walter Bishops Labor befindet. Agent Dunham findet heraus, dass der kahlköpfige Mann, der den Baustellenvorfall beobachtet hat, bei jedem bisherigen Schema-Vorfall anwesend war. Sie ahnt nicht, dass Walter Bishop eine ganz besondere Verbindung zu ihm hat...

Kommentar

Eine unglaublich spannende und mysteriöse Folge. Hier hat man kaum Zeit zum Durchatmen und muss sehr aufmerksam sein, um auf alle geheimnisvollen Dinge zu achten, die da passieren. Zum ersten Mal wird dem Zuschauer der glatzköpfige Beobachter bewusst vor Augen geführt. Wenn man vorher nicht von seiner Anwesenheit weiß, wird man seine Kurzauftritte in den Folgen vorher kaum bemerkt haben. Ich selber war total überrascht, als ich gelesen habe, dass er bisher in jeder Folge aufgetaucht ist. Ihnen wird es vielleicht nicht anderes ergangen sein. Die erste Szene in dem Restaurant ist überaus merkwürdig. Unser glatzköpfiger Freund sitzt in seinem Anzug einfach da und bestellt auf höchst eigenartige Art und Weise sein Essen. Schärfe scheint ihm nichts auszumachen, wenn man sieht, wie er sein Sandwich mit Pfeffer und Jalapenos garniert. Seine kryptischen Notizen schreibt er, ohne hinzusehen, in sein Notizbuch. Dann benutzt er ein sehr futuristisch wirkendes Fernglas, um die Baustelle zu beobachten. Er weiß anscheinend ganz genau, was gleich passieren wird. Als dann die Erde beginnt zu beben und das Chaos ausbricht, bleibt er trotzdem ruhig und gelassen. Er legt sogar noch Geld auf den Tisch, als alle Menschen schon panisch aus dem Restaurant laufen. Der Beobachter wirkt sehr unheimlich und mysteriös, wie von einer anderen Welt und diese Vermutung könnte durchaus stimmen.

In dieser Folge kommt Peter Bishops Unzufriedenheit mit der momentanen Situation voll zur Geltung. Er fühlt sich regelrecht überflüssig und ist der Meinung, Olivia Dunham würde ihn bei der Aufklärung der Vorfälle rund um das Schema gar nicht benötigen. Schließlich ist es ja Peters Vater, Walter Bishop, der aufgrund seiner früheren Arbeit über das wertvolle Wissen verfügt, das viele der Phänomene der letzten Zeit erklären kann. Obwohl Olivia ihm versichert, dass er gebraucht wird, da er der Einzige sei, der mit Walter richtig umgehen kann, beschließt Peter, ihr nicht länger helfen zu wollen. Er möchte Chicago so schnell wie möglich verlassen, verspricht ihr aber zumindest noch, bei der Aufklärung des aktuellen Falls zu helfen. Phillip Broyles empfängt unser dynamisches Trio in einer Lagerhalle. Dort wird der mysteriöse Metallzylinder unter höchstem Sicherheitsaufwand versteckt. Walter scheint sofort eine Ahnung zu haben, was dieses Ding sein könnte, spielt aber den Geheimniskrämer und macht in ungewohnt energischer Form darauf aufmerksam, dass die Behörden ihn brauchen. Überhaupt erscheint Walter in dieser Episode viel klarer und bestimmter als in den Folgen zuvor. Bisher wirkte er immer nur wie der verwirrte, alte Wissenschaftler, der nun aufgrund der Umstände gebraucht wird. Jetzt aber wird klar, dass Walter Bishop sehr viel mehr weiß, als man bisher annahm. Er scheint möglicherweise mehr über das größere Ganze hinter dem Schema zu wissen. Das ist meiner Meinung nach eine Parallele zu Nina Sharp. Auch sie weiß sehr viel mehr über die Schemavorfälle und deren Hintergrund, als sie zugibt. Und auch Walter behält sein Wissen lieber für sich. Als Erklärung für sein Handeln gibt es nur den einen Grund, alle beschützen zu wollen. Das glaubt man ihm auch spätestens in der Szene, als er sich bei Agent Astrid Farnsworth dafür entschuldigt, dass er sie mit einer Spritze außer Gefecht setzte. Hier muss man mal die Schauspielarbeit von Peter Noble loben. Allein mit seiner Gesichtsmimik vermittelt er die innere Zerrissenheit des Charakters Walter Bishop. Und auch in Szenen, in denen Walter sich seiner Verwirrtheit bewusst wird, reicht ein Blick in sein Gesicht, um die Gefühle und Gedanken von ihm sichtbar werden zu lassen. Ohne Frage ist John Noble ein wahrer Glücksgriff für die Serie.

Walter trifft sich später mit dem Beobachter in einem Restaurant, es wirkt so, als wenn die beiden sich schon kennen würden. Dieser bezeichnet den Metallzylinder als *Sender* und versichert Walter, er würde bald Antworten auf seine Fragen bekommen. Sehr geheimnisvoll diese Szene, es stellt sich die Frage: Was weiß Walter über den Beobachter und woher kennt er ihn überhaupt? Wenn der Zylinder ein Sender ist, <u>was</u> sendet er dann? Der Beobachter ist aber nicht das einzige Mysterium in dieser Folge. Da haben wir noch den unbekannten Mann, der den Zylinder aus der Lagerhalle stiehlt. Arbeitet er vielleicht für die Organisation, die hinter den Schemavorfällen steckt? Am auffälligsten ist die Waffe, die der Mann benutzt, um die Wachmänner in der Lagerhalle auszuschalten. Ich würde darauf tippen, dass es sich dabei um eine futuristische Schallpistole handelt. Interessanterweise sendet auch der mysteriöse Zylinder besondere Schwingungen aus. Zudem foltert der Mann erst Henry Jacobsen und später auch Peter Bishop mit einem Gerät, das anscheinend schmerzhafte Vibrationen oder Schallwellen im Kopf verursacht. Peter weigert sich trotzdem, den Mann irgendetwas zu erzählen. Das braucht er auch gar nicht, denn dieser ist irgendwie in der Lage, Gedanken zu lesen. Dazu nimmt er seine merkwürdige Foltermaschine und Kopfhörer zur Hilfe. Das heißt, der Mann ist nicht selber fähig, Gedanken zu lesen, verfügt aber über eine entsprechende Technologie. Man könnte vermuten, dass dieser Fremde aus der Zukunft kommt, aber bisher wurde das Thema Zeitreisen in der Serie noch nicht angesprochen. Vielleicht ist seine futuristische Ausrüstung aber doch aus unserer Zeit. Immerhin verfügt Massive Dynamic auch über Technologien wie kybernetische Körperprothesen oder ein Laser Optik Gerät. Ohne zu viel vorwegnehmen zu wollen: Im weiteren Verlauf der Serie wird man noch ganz andere Sachen zu sehen bekommen. Broyles erzählt am Ende der Episode, dass der unbekannte Mann als John Mosley identifiziert wurde und dass er einen Doppelmord in Seattle begangen habe. Das sind auch schon die ganzen spärlichen Informationen, die man über ihn erfährt. Er wird also weiter ein ungelöstes Rätsel bleiben. Weitere Rätsel gibt auch Walters Verhalten auf. Als er festgenommen und verhört wird, macht er nur wage Andeutungen darüber, wo der Zylinder versteckt ist und welche Funktion er hat. Walter merkt an, dass man ihn für verrückt halten würde, wenn er versuche, dies zu erklären. Außerdem gibt er zu, den „komplett kahlen Mann" zu kennen, was Peter als Hirngespinst abtut. Das ändert sich am Ende der Episode schlagartig, als Peter dem Beobachter persönlich im Wald gegenübersteht. Dieser kann Peters Gedanken lesen und spricht alle Sätze von ihm synchron nach, was zu einer merkwürdigen, aber auch lustigen Szene führt, als beide zusammen „Äpfel, Bananen, Rhinozeros!" rufen. Peter versuchte trotz der ungewöhnlichen Situation zu beweisen, dass der Beobachter unmöglich seine Gedanken lesen kann. Dies widerspricht einfach seinem wissenschaftlichen Verstand, der in dieser Folge besonders auf die Probe gestellt wird. Als Peter aus dem Krankenhaus entlassen wird, ist sein Weltbild ein wenig erschüttert. Er gesteht Olivia bisher nicht, an übernatürliche Dinge geglaubt zu haben, aber das Zusammentreffen mit dem Beobachter hat seine Skepsis stark ins Wanken gebracht. Peter kann nun nicht einfach gehen, dafür ist zu viel passiert, was er sich nicht rational erklären kann. Wie eine Belohnung für seine Entscheidung wirkt es, als Olivia ihm daraufhin seinen FBI-Ausweis übergibt, der Peter Bishop den Status eines zivilen Beraters gewährt. Die Geschichte, die Walter seinem Sohn im Hotel erzählt, gibt Antwort auf die Frage, warum Walter den Zylinder versteck hat und woher er den Beobachter kennt. Dies ist das erste Mal, das Peter seinem Vater sofort glaubt, ihm bleibt ja aufgrund der Ereignisse auch nichts anderes übrig. Die aufregende 4. Folge der ersten Staffel verabschiedet sich mit einem wirklich starken und unerwarteten Ende: Olivia kommt müde nach Haus und plötzlich steht der eigentlich tote John Scott in ihrer Wohnung! Ein starker Cliffhanger, mit dem man aus dieser Folge entlassen wird, der außerdem viel Raum für Spekulationen offen lässt. Bisher eindeutig die stärkste Folge der Staffel.

Highlight

- Eigentlich ist die ganze Episode ein Highlight, denn es passiert sehr viel. Wir lernen den Beobachter kennen und finden heraus, dass er Peter und Walter Bishop früher einmal das Leben gerettet hat.
- Das Auftauchen von John Scott in Olivias Wohnung.

Symbolcode

- Frosch r.u., Schmetterling l.M., Blatt r.u., Hand r.u., Apfel l.u.
  = R.O.G.U.E = englisch: abnormal, Schurke

Der Beobachter

- Da die Episode den Fokus auf den Beobachter legt, taucht er natürlich mehrfach auf.

Bishopologie

- „Dabei war er splitterfasernackt, denn er spürt gerne die Luft auf seiner Haut."
  Peter zu Olivia, als er ihr erklärt, wie gut er die letzte Nacht geschlafen hat.
- „Verdammt! Musst du denn immer so ein scheiß Besserwisser sein!"
  Walter zu seinem Sohn im Labor.

Besonderes

- Gleich am Anfang der Episode, als die Schrift „Brooklyn New York" vor dem Café eingeblendet wird, ist an dem hölzernen Mast ein Aufkleber zu sehen. Auf diesem ist zu lesen: „Unlock your hidden Potential" (öffne dein verborgenes Potenzial). Dies ist ein Hinweis auf die folgende Episode 1x05 *Unter Strom*. Joseph Meegar liest eine Anzeige mit demselben Text.
- Der Kran, der am Anfang einstürzt, trägt das Massive Dynamic Logo.
- Das Lagerhaus, in dem der Zylinder zuerst versteckt und untersucht wird, trägt die Bezeichnung „S.E. Kramer manufacturing." S.E. Kramer ist einer der Autoren der Website www.popularmechanics.com, die sich unter anderem mit neuesten Techniktrends beschäftigt. Kramer verfasste einige Artikel über FRINGE.

Noch Fragen?

- Was ist der Zylinder und welchen Zweck soll er erfüllen? Woher stammt er, wer hat ihn gebaut?

- Wer oder was ist der Beobachter? Walter beschreibt ihn als scheuen Menschen. Woher kommt er und welche Aufgabe soll er erfüllen?

- Auf welche Fragen soll Walter bald Antworten bekommen?

- Gibt es nur einen Beobachter oder viele? Wenn er tatsächlich nur ein Mensch ist, warum altert er dann nicht? Er taucht an den verschiedensten Orten zu den verschiedensten Zeiten auf. Ist er ein Zeitreisender? Im Vorspann der Pilotfolge ist zu lesen, „Observers are here", also doch vielleicht mehrere?

- Gibt es nur einen Zylinder oder mehrere? 1987 tauchte er schon einmal in Quantico auf und verschwand wieder. Jacobsen vermutet, dass es mehr als einen gibt, es könnte aber auch derselbe sein.

- Wer ist der geheimnisvolle Mann, der den Zylinder aus der Lagerhalle stiehlt und woher kommt er? Ist John Mosley sein echter Name? Für wen arbeitet er? Woher stammt die Technologie, die er einsetzt?

„Wer sie sind, was sie wollen – als Wissenschaftler teile ich deine Frustration weil wir die Antworten nicht kennen."
Walter Bishop 1x04 die Ankunft

Folge #1X05: „Unter Strom"

Originaltitel:	„Power Hungry"
Erstausstrahlung USA:	14.Oktober 2008
Erstausstrahlung DE:	20.April 2009

Drehbuch:	Julia Cho, Jason Cahill
Regisseur:	Christopher Misiano
Wertung:	6/10

Gastdarsteller:
Jennifer Wiener(CSU), Benim Foster(Man, Clinic), Doug Yasuda(Reporter), Ash Roeca(Agent Rodriguez),Harold Surratt(PK Simmons), David Bishings(Crewcut),Glenn Fleshler(Ron), Mary-Louise Burk(Flora Meegar), Diane Davis(Bethany),Ebon Moss Bachrach(Joseph Meegar), Max Baker (Dr. Jacob Fisher),Hoon Lee(Richard, Co-Worker), Marcel Simoneau(Bethany's Co-Worker)

Inhalt
Ein junger Mann bemerkt, dass er unter Stress ein starkes elektrisches Feld erzeugt, welches er nicht kontrollieren kann. Das führt dazu, dass er ungewollt einen voll besetzten Fahrstuhl abstürzen lässt. Agent Olivia Dunham untersucht diesen Vorfall und findet heraus, dass der junge Mann, Joseph Meegar, an einer Versuchsreihe eines ominösen Arztes teilgenommen hat. Dr. Jacob Fisher wird wegen illegaler Menschenversuche international gesucht. Joseph Meegars Fähigkeiten sind das Ergebnis dieser Arbeit. Bevor Agent Dunahm aber Meegar ausfindig machen kann, wird er von Handlangern Dr. Fischers entführt. Walter Bishop hat eine sehr ungewöhnliche Idee, wie man Joseph Meegar und damit auch Dr. Fisher finden kann ...

Kommentar
Nach den rasanten Ereignissen der letzten Episode, geht es etwas ruhiger weiter. Die Geschichte von einem Mann, der ungewollt die Fähigkeit besitzt, starke elektrische Felder zu erzeugen, erinnert stark an das große Vorbild

Akte-X. Auch dort ging es öfter um Menschen mit speziellen Talenten. Somit ist dies eine typische Case-of-the-Week Folge. Olivia Dunham ist von der Erscheinung ihres Ex-Partners John Scott in ihrer Wohnung natürlich ziemlich mitgenommen. Ihr ist es ziemlich unangenehm, darüber zu reden, aus Angst davor, für verrückt gehalten zu werden. Charlie ist momentan die einzige Person, der sie sich wirklich ohne Bedenken anvertrauen mag. Sie weiß, dass er sie nie verurteilen oder als Spinnerin abstempeln würde. Im Gegenteil, auch hier unterstützt er sie fürsorglich und spricht ihr gut zu. Seine Sorge um eine gute Freundin erscheint wirklich aufrichtig. Dennoch hat Olivia in dieser Folge mehrfach Visionen von Scott und sie kann schließlich Traum und Realität nicht mehr unterscheiden, was ihr sehr zu schaffen macht. Am Ende ist es Walter Bishop, der ihr erklären kann, warum sie diese Visionen hat. Ein Teil des Bewusstseins von John Scott ist auf Olivias Gehirn übergegangen, als sie im Wassertank die Gedankenverschmelzung mit ihm durchführte. Walter kann ihr nicht versichern, dass Scotts Erinnerungen wieder aus ihrem Kopf verschwinden werden und stellt ihr die Frage, ob sie das denn wirklich möchte. Damit trifft er einen wunden Punkt, so sehr sie auch verletzt und enttäuscht ist: Der Schmerz über den Verlust überwiegt zeitweise und dann vermisst sie John sogar. Als Broyles ihr die letzten persönlichen Sachen von Scott gibt und sie einen für sie bestimmten Verlobungsring darin findet, ist sie sich ihrer Gefühle noch unsicherer. Ist der John Scott aus ihren Tagträumen nur der Mann, wie sie ihn sich gerne gewünscht hätte? Hatte er ihr den Ring wirklich aus Liebe oder nur aus Berechnung geschenkt? Zumindest findet Olivia durch seine Erinnerungen den geheimen Kellerraum mit vielen Informationen, die sicher noch hilfreich sein werden. Aber auch das wirft wieder neue Fragen auf: Für wen hat John Scott wirklich gearbeitet und was wusste er über das Schema? Man wird sehen, was sich die Autoren für uns ausgedacht haben.

Highlight

- Olivia ist sich nicht mehr sicher, ob John Scott sie vielleicht doch geliebt hat. Seine Erinnerungen führen sie in ein Versteck, in dem unzählige Informationen über das Schema gelagert sind.

Symbolcode

- Der Symbolcode dieser Folge lautet: Hand l.u., Hand r.u., Frosch l.u., Blatt r.u., Blatt r.u.
  Also laut FRINGE Code: S.U.R.G.G
  Das Blatt mit dem Lichtpunkt rechts tauchte zweimal auf, was bedeuten würde, es käme zweimal der Buchstabe G vor. Dann würde das Wort allerdings keinen Sinn machen. In Fankreisen wurde festgestellt, dass nur das Wort SURGE gemeint sein kann.
  Surge= englisch für Überspannung

Der Beobachter

- Da ist er wieder, unser kahler Freund! Und zwar ungefähr bei Minute 04:18. Er kommt gerade aus dem Fahrstuhl bevor Joseph Meegar ihn betritt.

Bishopologie

- „Besuchszeit! Ziehen wir unsere besten Zwangsjacken an!"
  Peter Bishop, als Broyles das Labor betritt.
- Walter: „ Es ist schon merkwürdigeres passiert."
  Peter: „Das ist sein Motto!"

Besonderes

- Im Internet wurde spekuliert, ob der Ring, den Dr. Fisher trägt, der gleiche ist, den auch Nina Sharp trägt.
- Die Anzeige, die Joseph Meegar liest, ist die gleiche, die in Episode *1x04 Die Ankunft* an dem Telefonmast vor dem Cafe hing.
- Ungefähr bei Minute 14:42, als Meegar zu seinem Chef gerufen wird, ist am Boden ein Karton mit der Aufschrift POWDER zu sehen. Dies ist eine Anspielung auf den gleichnamigen Spielfilm aus dem Jahr 1995.

Dort geht es auch um einen Mann, der elektrische Geräte in seiner Umgebung beeinflussen kann. Seine Mutter wurde während der Schwangerschaft von einem Blitz getroffen. Interessanterweise sieht der Hauptdarsteller genauso aus wie der Beobachter aus FRINGE! Komplett kahl, mit Mantel und Hut bekleidet! Die FRINGE Macher haben wirklich einen interessanten Humor.

- Ungefähr bei Minute 37:30, als Olivia mit ihrem Team das Labor stürmt, ist im Hintergrund ein Plakat an der Wand zu sehen. In der unteren, linken Ecke ist das Massive Dynamic Logo aufgedruckt.
- Bei Zählerstand 14:25 ist eine rote Tasse zu sehen. Auf dieser ist das Wort „INtREPUS" aufgedruckt. Eine Anspielung auf die nächste Folge *1x06 Die Heilung*. So heißt der Pharmakonzern, für den Dr. Easterbroock arbeitet.

Noch Fragen?

- Sind John Scotts Erscheinungen wirklich nur Visionen von Olivia oder steckt mehr dahinter?
- Gibt es noch andere Menschen, die Fähigkeiten entwickelt haben?
- Steht Dr. Fisher in irgendeinem Zusammenhang mit Massive Dynamic? Warum sonst ist das Logo der Firma auf seinen Plakaten zu sehen?

„Was ist, wenn das nicht einfach nur Experimente sind? Was ist, wenn sich jemand für irgendetwas wappnet?"
Peter Bishop Episode 1x06 Das Heilmittel

Folge #1X06: „Das Heilmittel"

Originaltitel:	„The Cure"
Erstausstrahlung USA:	21.Oktober 2008
Erstausstrahlung DE:	27. April 2009
Drehbuch:	Brad Caleb Kane, Felicia D. Henderson,
Regisseur:	Bill Eagles
Wertung:	8/10

Gastdarsteller:
Lisa Emery(Paula Kramer), Marjan Neshat(Claire Williams),William Hill(Marty Pitts), Chris Eigeman(David Esterbroock), William Hill(Officier), Jose Ramon Rosario(Gary),Scott Evans(Ben), Jane Kim(Elizabeth Sarnoff), Alok Tewari(Nadim Patel),Blair Brown(Nina Sharp),Maria Dizzia(Emily Kramer),Robert Eli(Ken Williams)

Inhalt
Mitten in der Nacht, irgendwo in der Stadt: Ein Lieferwagen hält mit quietschenden Reifen am Straßenrand. Männer in Schutzanzügen werfen eine junge Frau einfach auf die Straße. Die verwirrte Frau betritt einen Imbiss, ein Mitarbeiter ruft einen Polizisten zur Hilfe. Die Frau kann sich nicht erinnern, wo sie herkommt oder was genau mit ihr passiert ist. Plötzlich fangen die Menschen im Imbiss an, aus Augen und Nase zu bluten, kurze Zeit später sind alle tot. Umgehend wird die FBI-Sondereinheit, angeführt von Agent Dunham, mit der Untersuchung beauftragt. Schnell wird klar, dass die Frau die Ursache für dieses Massaker war: Ihr Körper sonderte aus irgendeinem Grund hoch radioaktive Strahlung ab. Es stellt sich heraus, dass die Frau seit einer Woche vermisst wird und man ihr mikroskopisch kleine radioaktive Kapseln ins Blut transferierte. Die strahlende Wirkung kann zeitversetzt aktiviert werden. Irgendjemand hat die Frau in eine lebendige Strahlenbombe verwandelt. Walter Bishop arbeitet fieberhaft an einem Mittel, um diese Kapseln unschädlich machen zu können, denn es wird eine zweite Frau vermisst, der man das gleiche angetan hat. Es ist nur eine Frage der Zeit, bis auch sie aktiviert wird …

Kommentar

Spätestens ab Episode 6 von FRINGE trennt sich die Spreu vom Weizen und es zeigt sich, welche TV-Serie die Zuschauer mit den robustesten Mägen hat. Gleich am Anfang wird man mit blutenden Augenhöhlen und explodierenden Köpfen konfrontiert. Das kleine Imbiss-Restaurant gleicht einem Schlachthaus und man könnte glauben, sich gerade den neuesten Horrorfilm anzusehen. Olivia Dunham wird in dieser Episode nicht von Erscheinungen ihres Ex-Partners Scott heimgesucht. Trotzdem verhält sie sich ungewohnt aggressiv und wirkt gereizt. Das bekommt besonders Peter Bishop zu spüren, als er Olivia im Büro besucht. Der Grund für Olivias angespannte Stimmung gewährt uns einen Einblick in ihre Vergangenheit. Ihr gewalttätiger Stiefvater schlug ihre Mutter oft und brach ihr dabei sogar ein Mal die Nase. Ob Olivia selber auch misshandelt wurde, wird nicht klar. Zumindest erzählt sie davon nichts. Olivia wollte nach einem besonders heftigen Vorfall ihren Vater mit seiner eigenen Waffe erschießen. Wir erfahren, dass er dabei zwar schwer verletzt wurde, letztendlich aber überlebte und danach einfach verschwunden ist. Sie hat ihn nie wieder gesehen. Zu jedem Geburtstag schickt er ihr seitdem eine Karte, um sie wissen zu lassen, dass er noch lebt und an sie denkt. Und heute ist ihr Geburtstag. Der erste an dem sie keine Karte bekommen hat. Diese Abweichung von einer jahrelangen ungeliebten Tradition wirft sie aus der Bahn, dass bekommen die Menschen in ihrer Nähe zu spüren. Am Ende der Episode bekommt sie ihre Karte aber doch noch. Sie wurde unter der Tür durchgeschoben, etwa von *ihm*?

Walter Bishop beweist diesmal, dass er ein exzellenter Beobachter ist und über psychologischen Spürsinn verfügt. Er erkennt sofort, dass Olivia unter psychischem Stress steht und sie irgendetwas belastet. Auch später greift er noch mal auf dieses Talent zurück und erkennt nur an ihrer Körperhaltung, dass sie gerade eben am Telefon die Nachricht erhalten hat, dass es noch ein Entführungsopfer geben muss. Olivia Dunham will diese Frau um jeden Preis retten, stößt aber auf massiven Widerstand. Nicht zuletzt durch ihren Vorgesetzten Broyles. Dieser scheint aufgrund der Ermittlungen gegen einen führenden Mitarbeiter eines der größten Pharmaunternehmen ordentlich Druck zu bekommen. Er erklärt Agent Dunham noch mal, dass seine Abteilung mehr als umstritten ist und man jeden ihrer Schritte genau beobachten würde. Dies ist eine weitere Parallele zu Akte-X. Dort war es Walter Skinner, Fox Mulders Vorgesetzter, der immer zwischen dem Druck der Bürokratie und der etwas „exotischen" Arbeit seiner FBI-Agenten hin- und hergerissen war. Und auch Skinner erinnerte seine Mitarbeiter immer wieder daran, dass die Arbeit an den X-Akten von höherer Stelle genau beobachtet wird.

In dieser Folge bekommen wir auch wieder Nina Sharp zu sehen. Diesmal ist es Peter Bishop, der ohne Olivias Wissen zu Massive Dynamic geht, um wichtige Informationen zu bekommen. Erstaunlicherweise kennt Nina Sharp Peter schon seit langer Zeit und sie erzählt ihm, dass sie öfter mit ihm gespielt hat, als er noch ein kleines Kind war. Für Peter ist das eine echte Überraschung, denn er kann sich überhaupt nicht daran erinnern, Nina Sharp jemals zuvor begegnet zu sein. Besonders erstaunt ist Peter über die Aussage, dass Nina und sein Vater, Walter Bishop, sich früher nähergestanden haben sollen. Eine sehr interessante Information, die natürlich viel Raum für Spekulationen lässt. Eigentlich aber ist diese Verbindung nahe liegend, denn Walter Bishop und Massive Dynamic Gründer William Bell waren früher enge Kollegen. Peter ist sich sicher, dass Nina weiß, wo Dr. Esterbroock die zweite vermisste Frau gefangen hält. Sie gibt diese Information aber nur gegen die Bedingung raus, dass Peter ihr dann einen Gefallen schuldet, den er irgendwann ohne Wenn und Aber erfüllen muss. Möglicherweise ein hoher Preis, den Peter bezahlen muss. Eigentlich hätte Peter sich darauf gar nicht einlassen müssen. Am Ende der Folge erfahren wir, dass die Verhaftung von Dr. Esterbroock den Aktienkurs von INtREPUS in den Keller hat stürzen lassen, was natürlich für einen Konkurrenten wie Massive Dynamic sehr gut ist. Das dies passieren würde, hätte Peter vorrausehen können, da er ja wusste, dass diese beiden Firmen Konkurrenten sind. Somit hätte das allein doch schon als Argument für Nina Sharp ausreichen müssen, um Peter Bishop die Informationen zu geben, damit Esterbroock verhaftet werden konnte. Natürlich erzeugt diese Szene mit Peters Versprechen mehr Spannung und man hat auch gleich eine Story für eine spätere Folge. Allerdings könnte man auch meinen, die Autoren haben hier nicht ganz aufgepasst.

Am Ende der Episode findet Olivia heraus, von wem Peter seine Informationen bekommen hat, und spricht ihn darauf an. Dass er Nina Sharp nun einen Gefallen schuldet, verschweigt er ihr aber. Ihm war es sehr wichtig, Olivia zu helfen, nach all dem, was sie für ihn getan hat, wie er anmerkt. In dieser Szene knistert es zum ersten Mal ein wenig zwischen den beiden, bis Olivia versucht, diesen Moment zu überspielen. Auch wenn beide sich nur kurz tief in die Augen gesehen haben, wird klar, dass sie in diesem kurzen Moment das erste Mal den Gedanken zugelassen haben, dass da vielleicht mehr sein könnte. Olivia und Peter, die neuen Mulder und Scully? Irgendwie schon, oder?

Highlight

- Eine der wohl blutigsten Anfangsszenen, die man je in einer TV-Serie gesehen hat.

Symbolcode

- Apfel l.o., Apfel l.u., Blume l.u., Blume l.u., Hand l.u. = C.E.L.L.S = englisch, Zellen

Der Beobachter

- Big Brother is watching you! Nicht vergessen! Diesmal circa bei Zählerstand 24:85. Als Olivia gerade mit Dr.Esterbroock redet, läuft er im Hintergrund direkt an den beiden vorbei.

Bishopologie

- Walter: „Ich habe dich nun mal gern um mich. Man soll sich Zeit für die Familie nehmen."
  Peter: „Klar, das hier ist ja genauso schön wie ein Baseballspiel."
  Als die beiden gerade eine Leiche untersuchen.
- Walter: „Opium. Ein tolles Zeug."
- Walter zu Astrid: „Das ist es Asterix!"

- Peter: „Ich bin kurz weg.“

  Walter: „Ok. Ach Peter, ich habe gar nicht bemerkt, dass du da warst.“

Besonderes

- Nina Sharp kannte Peter Bishop schon als kleines Kind, woran sich dieser aber nicht erinnern kann.
- Wieder geht es um einen Wissenschaftler, der versucht, Menschen zu lebenden Waffen umzufunktionieren.
- Ab dieser Folge duzen sich Olivia und Peter in der deutschen Synchronfassung.
- Olivia gebraucht gegenüber Dr. Esterbroock ein ähnliches Zitat, wie Nina Sharp es mal ihr genannt hat: „Wissenschaft und Technik haben jetzt einen Punkt erreicht an dem unsere Möglichkeiten endlich unsere Fantasie einholen.“
- Die Krankheit, an der Emily Kramer litt, die Bellinische Lymphomsemie, ist fiktiv. Es gibt aber ein Krankheitsbild mit den Namen Ductus-Bellini-Karzinom und ist eine Bezeichnung für Nierenkrebs.
- Die Mitarbeiterin von Dr. Easterbroock heißt Elizabeth Sarnoff. Dies ist auch der Name einer LOST Autorin und Produzentin.
- Bei Minute 08:10 ist auf dem Thermometer, das Walter der Leiche ins Ohr rammt, die Kennung ZFT zu sehen. Dies ist der Hinweis auf die nächste Folge, in der wir die Organisation hinter dem Schema kennenlernen.

Noch Fragen?

- Wer ist der Kunde, dem Dr. Esterbroock die biologische Waffe verkaufen wollte?
- Peter fragt sich, warum die Schema Experimente durchgeführt werden. Er meint, es wirke so, als wenn sich jemand auf etwas vorbereitet. Was könnte das sein? Aufgerüstet wird normalerweise in Kriegszeiten. Steht der Menschheit irgendeine große Katastrophe bevor?

- Was für eine engere Beziehung hatte Nina Sharp mit Walter Bishop und warum hat Peter keinerlei Erinnerung an diesen Teil seiner Kindheit?
- Ist Nina Sharp eventuell die heimliche Mutter von Peter Bishop? Das wäre sicher eine Überraschung.
- Wer hat die Karte von Olivias Stiefvater unter ihrer Haustür platziert? War es der Vater selbst? Ist er etwa in der Stadt?

Folge #1X07: „Der geheimnisvolle Mr.Jones"

Originaltitel: „In Which We Meet Mr.Jones"
Erstausstrahlung USA: 11.November 2008
Erstausstrahlung DE: 4.Mai 2009

Drehbuch: J.J.Abrams, Jeff Pinker
Regisseur: Brad Anderson
Wertung: 8/10

Gastdarsteller:
Chance Kelly (Mitchell Loeb),Trini Alvarado(Samantha Loeb),Jared Harris(Dr. David Robert Jones),Billy Burke(Lucas Vogel), Paul Urcioli(Doctor), Cindy Cheung(Nurse), Kenneth Tigar (Johan Lennox), Guiesseppe Jones(FBI Agent), Lars Gerhard(Prison Guard), Leslie Eva Glaser(Nurse),

Inhalt
Eine Spezialeinheit unter Führung von Agent Mitchell Loeb untersucht einen verdächtigen LKW, sie findet aber nur harmlose Spielzeughasen. Anscheinend wurden die Hintermänner rechtzeitig gewarnt. Als Loeb seinem Vorgesetzten Broyles Bericht erstatten will, bricht er in dessen Büro zusammen. Im Krankenhaus machen die Ärzte eine grausige Entdeckung: Ein monströser Parasit hat sich um das Herz von Agent Loeb gewickelt und bedroht sein

Leben. Ein Wettlauf gegen die Zeit beginnt. Walter Bishop arbeitet an einer Möglichkeit, den Parasiten gefahrlos zu entfernen, während Olivia Dunham nach Deutschland reist, um einen inhaftierten Verdächtigen zu befragen: Dr. David Jones. Dieser weiß möglicherweise mehr über den Parasiten, will Agent Dunham aber nur helfen, wenn er vorher mit einem gewissen Joseph Smith sprechen kann. Als eine SWAT-Einheit Broyles Smith festnehmen will, wird dieser bei der Flucht erschossen ...

Kommentar

In dieser Episode wird es wieder etwas mystischer und wir bekommen ein weiteres kleines Stück vom großen Schemapuzzle zu sehen. Das Gruseln kommt aber auch diesmal nicht zu kurz. Der Parasit sieht wie eine fleischfressende Pflanze aus und macht es sich gerne im menschlichen Brustkorb bequem. Das erinnert schon ein wenig an die *Alien*-Filme. Walter Bishop gibt diesmal wieder das Bild eines moderner Dr. Frankenstein ab. Er experimentiert mit einer Leiche und erweckt sie sogar teilweise wieder zum Leben. Dass Walter Bishop eine Methode erfunden hat von toten Körpern Informationen abzurufen, kennen wir ja schon aus vorherigen Episoden. Wir erfahren, dass er ähnliche Versuche an lebenden Objekten durchgeführt hat, auch an seinem Sohn Peter. Dieser ist natürlich geschockt und verärgert, als er das erfährt. Das hätte er selbst seinem Vater nicht zugetraut. Die beiden haben aber keine Zeit darüber zu diskutieren, denn die Hektik im Labor nimmt überhand. Es stellt sich aber natürlich die Frage, was genau er mit Peter gemacht hat und warum sein Sohn auch daran keinerlei Erinnerungen hat. In der vorhergegangen Episode konnte er sich nicht daran erinnern, Nina Sharp zu kennen. Warum er so viele Erinnerungslücken hat, wird im weiteren Verlauf der ersten Staffel noch eine wichtige Rolle spielen.

In dieser Episode arbeitet das FBI-Team wirklich Hand in Hand. Selbst Astrid Farnsworth bekommt mal etwas mehr zu tun und auch Broyles ist öfter zu sehen, als in anderen Folgen. Das Sondereinsatzkommando vom Anfang beweist, dass auch an anderen Fronten an den Schema-Vorfällen gearbeitet wird. Bisher wirkte es immer so, als wenn nur Olivia Dunham sich damit beschäftigen würde. Eine für die Handlung der Serie wichtige Neuerung ist die Einführung des Charakters von David Robert Jones. Eine geheimnisvolle Figur, die sehr viel über die Hintergründe des Schemas zu wissen scheint, und eine spürbare Überlegenheit ausstrahlt. Er ist trotz seiner Gefangenschaft gelassen und wirkt bedrohlich. Gegenüber Olivia merkt er an, dass seine Freiheit keine große Priorität im *großen Ganzen* hat. Soviel sei gesagt: Dr. David Jones wird uns noch öfter beschäftigen und für den ein oder anderen überraschenden Moment sorgen.

Zum ersten Mal hat die geheime Organisation, die hinter den Schema-Vorfällen steckt, einen Namen bekommen: ZFT. Broyles erklärt Olivia, dass diese Organisation in vielen kleinen Zellen operiert. Sie ist wie eine Terrorgruppe organisiert und handelt auch so, hat aber andere Ziele und Methoden. Die Organisation wird privat finanziert, von wem ist nicht bekannt, und operiert in 83 Ländern. ZFT handelt mit wissenschaftlichen Erkenntnissen und experimenteller Technologie. Broyles stellt die Vermutung auf, dass die bisherigen Schema-Vorfälle möglicherweise als Test für neuartige Biowaffen dienten, um diese Technologie später auf dem Schwarzmarkt zu verkaufen. Dies klingt sehr plausibel, wenn man sich nur mal die letzte Episode ins Gedächtnis ruft. Dort sprach Dr. Esterbroock von Kunden, die seine menschlichen, radioaktiven Bomben kaufen wollten. Das ergäbe ein glaubhaftes Bild von den Machenschaften Rund um das Schema.

Um mit Dr. Jones reden zu können, muss Olivia Dunham nach Deutschland reisen. Das Bild, das in dieser Folge von Deutschland gezeichnet wird, halte ich für etwas fragwürdig. Broyles ungläubige Bemerkung, „Sie wollen doch nicht wirklich nach Deutschland?", wirkt irgendwie befremdlich. Es ist die Rede davon, dass Dr. Jones in Frankfurt „festgehalten" wird und die deutschen Behörden keine „Amerikaner" zu ihm lassen würden. Das hört sich fast so an, als wenn die Autoren der Meinung wären, es gäbe die DDR noch. Auch das gezeigte deutsche Hochsicherheitsgefängnis wirkt wie ein Relikt aus einem 1980er Jahre Film: dreckig, dunkel und aggressives (Gestapo?) Personal. Nein, ich weiß wirklich nicht, warum hier so viele schlechte Klischees eingebaut wurden.

Die Sondereinheit für Grenzwissenschaften hat ein internes Sicherheits-problem. Nachdem sich Agent Scott als Verräter entpuppte, gibt es möglicherweise noch weitere undichte Stellen. Broyles befürchtet, dass es einen Maulwurf innerhalb seiner Abteilung geben könnte. Am Ende der Episode sehen wir das Mitchell Loeb und seine Frau nicht das sind, was sie vorgeben. Wie es aussieht, arbeiten die beiden auch für ZFT. Ob Olivias Ex-Partner, John Scott, auch dieser Gruppe angehörte, ist nicht geklärt. Ausgerechnet zwei Mitarbeiter, mit denen Broyles anscheinend auch privat befreundet ist, erweisen sich als Verräter. Das dürfte ihn sicher nicht erfreuen. Zudem stellt sich die Frage: Wem kann man überhaupt noch vertrauen?

Insgesamt eine spannende Folge, die einige Überraschungen und Wendungen bereithält.

Highlight

- Olivia trifft zum ersten Mal auf Dr.Jones.
- Wir erfahren mehr über die Organisation hinter dem Schema.

Symbolcode

- Apfel l.o., Schmetterling l.M., Apfel r.o., Apfel l.u., Hand l.u. = C.O.D.E.S = englisch Code

Der Beobachter

- Taucht diesmal im Flughafen Frankfurt(!) auf. Bei Zählerstand 15:17.

Bishopologie

- Walter: „Du hast vielleicht endlich deine wahre Berufung entdeckt. Mit mir zu arbeiten."
  Peter: „Also, das hoffe ich doch nicht!"
- Walter: „Peter, ich bin es. Dein Vater. Walter Bishop."
  Peter: „Danke, ich weiß wer du bist."
  Walter: „Ausgezeichnet!"

Besonderes

- David Robert Jones ist zufälligerweise(?) der echte Name des Sängers David Bowie.

- Dies ist die erste Episode bei der Brad Anderson Regie führt. Sein bekanntester Film dürfte „The Machinist" mit Cristian Bale in der Hauptrolle sein.

- Samantha Loeb übergibt Olivia einige persönliche Dinge von ihrem Mann. Auch ein Heft, das den Titel „A Christmas Carol" trägt. Dies ist der Hinweis auf die nächste Folge. Walter erinnert sich an die hypnotische Lichtsequenz grün, grün, grün, rot. Dies sind typische Weihnachstfarben.

Noch Fragen?

- Zu welchem Zweck wurde der Parasit erschaffen? Als Waffe würde er nicht viel nützen, da er nur den Wirt tötet.

- Wie viele weitere Zellen außer ZFT gibt es? Wofür steht die Abkürzung ZFT?

- Was ist „Little Hill"? Ohne Frage ein Codewort, aber für was?

- Was für Versuche hat Walter Bishop an seinem Sohn durchgeführt und zu welchem Zweck?

- Wer ist der Gentleman?

Folge #1X08: „Die Gleichung"

Originaltitel:	„The Equation"
Erstausstrahlung USA:	18.November 2008
Erstausstrahlung DE:	11.Mai 2009

Drehbuch:	J.R. Orci, David H. Goodman
Regisseur:	Gwyneth Horder-Payton
Wertung:	8/10

Gastdarsteller:
Kevin Carolan(Frank), Nance Williamson(Maureen Stockton),Change Kelly(Mitchel Loeb), Kate Hodge(Abby),Adam Grupper(Andrew Stockton), William Sadler(Doktor Sumner), Randall Duk Kim(Dashiell Briggs),
Gillian Jacobs(Joanne)

Inhalt
Ein Mann ist mit seinem Sohn gerade auf dem Weg nach Hause. Eine Frau steht mit ihrem liegen gebliebenem Auto am Straßenrand. Da es eine regnerische Nacht ist, will der Vater ihr helfen. Plötzlich ist der Mann wie in Trance. Im nächsten Moment wird er von einem Mitarbeiter eines Abschleppdienstes geweckt. Er hat keine Erinnerung, was in den letzten Minuten passiert ist. Die Frau ist mit seinem Sohn verschwunden. Das FBI findet heraus, dass dieser Fall in das Muster weiterer Entführungsfälle der letzten 10 Jahre passt. Die Täterin war in allen Fällen die gleiche unbekannte Frau. Die Opfer tauchten später alle wieder auf, litten aber unter schweren psychischen Störungen und hatten keinerlei Erinnerungen mehr daran, was ihnen passiert ist. Olivia Dunham versucht, die Identität der Frau zu ermitteln. Ein früherer Freund von Walter, der vor Jahren Opfer einer solchen Entführung wurde, könnte möglicherweise Informationen über die Täterin haben. Dieser sitzt aber in der St.Claires Nervenheilanstalt ein und Walter ist der Einzige, dem gestattet wird, ihn zu besuchen. Nur unter großer Überwindung erklärt sich Walter Bishop bereit, nach St.Claires zurückzukehren …

Kommentar

Diese Episode offenbart uns ein weiteres wiederkehrendes Element der Serie: Die Farbsequenz grün, grün, grün, rot ist schon in einigen anderen Episoden im Zusammenhang mit dem Schema aufgetaucht. Ist Ihnen das aufgefallen?

- In der Pilotfolge sieht Olivia in der Traumsequenz das Kajak ihres Onkels. Direkt unter dem Wort „Zeno" sind die Punkte zu sehen.

- In der Folge *1x04 Die Ankunft* benutzt der Beobachter sein futuristisches Fernglas. In der Optik sieht man die Punkte in der linken unteren Ecke.

- In derselben Folge trägt John Mosley eine schwarze Mütze. Auch darauf sieht man die farbigen Punkte.

Genau wie der Beobachter ist dies ein Element der Serie, dass man erst beim zweiten Mal ansehen bewusst wahrnimmt. In dieser Folge sieht man die Farbpunkte als Lichtsequenz. Richtig angewandt sind diese Lichter in der Lage, jeden Menschen zu hypnotisieren. Besonders lustig ist die Szene als Peter Bishop im Labor plötzlich mit abgeschnittenen Ärmeln dasteht. Er weiß nicht, wie das passiert ist und hat die vergangene Zeit nicht wahrgenommen. Dabei wollte er gerade seinem Vater erklären, dass die Lichter leider nicht funktionieren. Walter hat seine eigene Methode das Gegenteil zu beweisen. Am Ende der Episode gelingt Joanne Ostler die Flucht, indem sie Olivia Dunham mithilfe dieser Lichter außer Gefecht setzt. Mit der gleichen Methode gelang ihr auch erst die Entführung des kleinen Jungen. Der ganze Aufwand nur, um eine mysteriöse Gleichung zu vervollständigen? Dann muss diese Gleichung ja sehr wichtig sein, aber was bewirkt sie wohl? Diese Frage beantwortet uns Mitchel Loeb, der sich von dem Parasiten anscheinend wieder gut erholt hat. Als Ostler ihm die vollständige Gleichung überreicht, gibt er diese in einen Computer ein. Mithilfe einer seltsamen Apparatur, führt Loeb dann ein eindrucksvolles Experiment durch: Die Stahlwände eines kleinen Tresors werden weich und er kann durch sie hindurchgreifen. So schafft er es, einen vorher im Tresor platzierten Apfel herauszuholen, ohne ihn zu öffnen. Mithilfe dieser Gleichung ist es also möglich, feste Materie zu durchdringen. In den falschen Händen ist diese Technologie natürlich sehr gefährlich, wie wir in der nächsten Episode sehen werden. Ein Geheimnis bleibt aber noch ungelöst: Wer ist die mysteriöse Frau, Joanne Ostler? Wie schafft sie es, anderen Menschen Bilder in den Kopf zu projizieren? Da sie von Loeb getötet wurde, ist es fraglich, ob uns die Autoren darauf noch eine Antwort liefern werden.

Walter Bishop wirkt in dieser Folge viel normaler als sonst. So konzentriert und klar hat man ihn bisher nicht erlebt. Das wird besonders in der Szene deutlich, als Olivia versucht, Peter davon zu überzeugen, dass Walter zurück nach St.Claires muss, um seinen Freund Dashiell zu befragen. Die beiden reden so offen, als wenn Walter gar nicht im Raum wäre. Walter reagiert verärgert und fragt, ob irgendjemand wissen möchte, was er überhaupt dazu meint. Dabei bemerken die beiden erst, wie respektlos sie sich ihm gegenüber verhalten haben. Er mag hin und wieder seine Ausfälle haben, ist aber weder senil noch ein Idiot. Deshalb ist es auch erstaunlich zu sehen, wie zielorientiert er handelt, als er zurück in St. Claires ist. Er ist sich dem Ernst der Lage bewusst und weiß, dass hier das Leben eines kleinen Jungen auf dem Spiel steht. Trotzdem fällt es ihm natürlich sehr schwer, in die Nervenheilanstalt zurückzukehren, die 18 Jahre lang sein Gefängnis war. Walter versucht, seinen früheren Freund Dashiell zu überreden, ihm zu verraten, wo er von der geheimnisvollen Frau festgehalten wurde. Dabei sagt er etwas Interessantes: „Wenn du schweigst, wird der Junge so wie wir enden." Meint Walter damit etwa, dass er selber auch schon mal von Joanne Ostler entführt wurde? Dashiell wurde erst nach seiner Entführung verrückt und landete in St. Claires, nachdem er seine Frau getötet hatte. Auch Walter wurde erst nach dem tragischen Vorfall in seinem Labor, bei dem seine Assistentin starb, in die Anstalt eingewiesen. Weiß er, dass dem Jungen ein ähnliches Schicksal erwartet, wenn man ihn nicht rechtzeitig findet?

Peter Bishop geht in dieser Episode besonders rücksichtsvoll mit seinem Vater um. Man merkt, dass sich das Verhältnis zwischen den beiden verbessert hat. Anfangs hat Peter sich noch mit Händen und Füssen gewehrt, für seinen Vater sorgen zu müssen und war permanent genervt von seiner verrückten Art. Jetzt scheint er sich daran gewöhnt zu haben und geht verständnisvoller mit ihm um. Er kämpft sogar für ihn und droht dem Direktor der Nervenanstalt, als dieser Walter nicht wieder freilassen will. Die Verbissenheit, mit der der

Direktor vorgeht, ist bemerkenswert. Zwar sind die Argumente, die er vorbringt, um Walter in Haft zu behalten, verständlich, aber man kann sich die Frage stellen, ob nicht doch andere Interessen dahinterstehen. Walter Bishop weiß eine Menge über das Schema und sicher gibt es einige Personen, die es nicht gerne sehen, dass er für das FBI arbeitet.

Sehr schön ist die Szene, als Walter berichtet, wie wirr sein alter Freund geredet hat und mit welcher Besorgnis er seinen Sohn fragt, ob er genauso schlimm wäre. Man merkt, dass Peter diese Frage ein wenig unangenehm ist, deshalb antwortet er nur: „Walter…fahren wir nach Hause." Später fordert Walter ein eigenes Zimmer, er möchte mehr Freiraum. Peter ist überrascht, verspricht aber, sich darum zu kümmern. Die Rückkehr nach St.Claires hat Walter ins grübeln gebracht. Der wahre Grund dafür, dass er nicht mehr mit Peter zusammenwohnen möchte, ist der, dass er seinem Sohn nicht zur Last fallen will. Walter hat, nachdem er den Zustand seines früheren Freundes Dashiell gesehen hat, ein schlechtes Gewissen und Angst davor, zur Belastung zu werden. Ausgerechnet zu einem Zeitpunkt wo Peter seinen Vater nicht mehr *nur* als alten verrückten Mann betrachtet.

Highlight

- Walter Bishop muss sich seiner größten Herausforderung stellen und nach St.Claires zurückkehren.

Symbolcode

- Gesicht r.M. ,Blatt r.o., Blume r.u., Apfel l.u., Seepferd r.o. =T.A.K.E.N = englisch: genommen

Der Beobachter

- In dieser Episode muss man besonders genau hinsehen. Ungefähr bei Zählerstand 39:04, als Olivia auf der Straße steht und mit Peter telefoniert, ist er weit im Hintergrund zu sehen, wie er vor einem Baum steht.

Bishopologie

- Walter: „Offenbar gehen die Leute nicht gerne einkaufen, wenn sie das Gefühl haben, kotzen zu müssen."

Besonderes

- Dashiell Briggs, der Bekannte den Walter in St.Claires besucht, wird von Randall Duk Kim gespielt. Dieser spielte in dem Film „Matrix Reloaded" die Rolle des Schlüsselmachers.
- Als Walter in St.Claires eingesperrt wird, singt er wieder das Lied „Row, Row, Row your Boat", um sich zu beruhigen.

Noch Fragen?

- Wurde auch Walter Bishop Opfer einer Entführung durch Joanne Ostler? Seine Aussage gegenüber Dashiell könnte ein Hinweis darauf sein.
- Wer oder was ist Joanne Ostler? Was hat es mit ihrer mysteriösen Fähigkeit auf sich?
- Wurde Mitchel Loeb als Verräter enttarnt oder arbeitet er immer noch für den ahnungslosen Broyles?
- Was plant ZFT mit der Gleichung nun, da bewiesen ist, dass sie funktioniert?

Folge #1X09: „Schmetterlinge im Kopf"

Originaltitel:	„The Dreamscape"
Erstausstrahlung USA:	25. November 2008
Erstausstrahlung DE:	18. Mai 2009
Drehbuch:	Zack Whedon, Julia Cho
Regisseur:	Frederick E. O. Toye
Wertung:	7/10

Gastdarsteller:
Jennifer Wiener(CSU),Yul Vasquez(George Morales), Susan Misner(Tess Amaral), Cindy Katz(Charlotte), David Vadim(Michael Kelly),Carlo Alban(FBI Agent), Tom Riis Farrell(Gregory Worth),Julet Adair Pritner(Forensics Agent), Catia Ojeda(Melanie), Roberto Acardo(Brian Cole), Harry Sutton(Paul),Dianne Zaremba(Nurse),Matthew Martin(Agent), Darby Totten(Agent Simmons),Ptolemy Slocum(Marc Young),Mark Valley(John Scott),Blair Brown(Nina Sharp)

Inhalt
Marc Young, ein Mitarbeiter von Massive Dynamic, springt aus dem Fenster eines Bürogebäudes in den Tod. Er fühlte sich von einem Schmetterlingsschwarm bedroht, der ganz plötzlich in seinem Büro erschienen ist. Das FBI Team um Agent Olivia Dunham fliegt umgehend nach New York, um den Fall zu untersuchen. Walter Bishop findet heraus, dass die Leiche des Mannes ungewöhnliche Schnittwunden aufweist. Sie scheinen vom Inneren des Köpers aus entstanden zu sein. Agent Dunham wird weiterhin von Visionen ihres toten Ex-Partners John Scott verfolgt. Diese führen sie zu einem versteckten Kellerraum, in dem Kisten mit ganz besonderen Fröschen gelagert werden. Diese könnten der Schlüssel zur Lösung des Falls sein. Olivia vermutet, dass weitere hilfreiche Erinnerungen von Scott in ihrem Unterbewusstsein gespeichert sein könnten. Um diese abrufen zu können, begibt sie sich trotz der Bedenken von Walter Bishop wieder in den Wassertank. Ein gefährliches Unterfangen...

Kommentar

Der Anfang dieser Episode ist sehr clever in Szene gesetzt: Erst am Ende der Kamerafahrt rückt das Massive Dynamic Logo ins Bild, was dem bisher Gezeigten noch eine ganz andere Bedeutung verleiht. Der mächtige Konzern scheint immer bedrohlicher zu werden, je öfter Olivias Ermittlungen sie dorthin führen. Nahezu jeder Schema-Vorfall steht in irgendeiner Verbindung zu Massive Dynamic. Der Ton zwischen Olivia Dunham und Nina Sharp wird rauer, auch wenn Nina versucht, ihre Rolle als immer freundliche und hilfs-bereite Repräsentantin des Konzerns zu wahren. Zum ersten Mal droht Olivia ihr ganz offen und direkt. Sie sieht sich auf der sicheren Seite mit einem Zeugen in der Hinterhand, der anscheinend über Insiderwissen verfügt, das für Massive Dynamic sehr belastend werden könnte. Kaum überraschend, dass dieser Zeuge noch stirbt, während Olivia Dunham das Massive Dynamic Gebäude verlassen hat. Das Insiderwissen, das George Morales dem FBI im Gegenzug für Personenschutz und Immunität anbietet, enthält einige wichtige Informationen. Er spricht davon, dass Massive Dynamic die ganzen Vorfälle um das Schema nur inszeniert, um Ermittlungsbehörden von der eigentlichen Arbeit abzulenken. Morales erwähnt dabei auch ZFT, Flug 627, und einige andere Sachen. Er scheint also wirklich über umfangreiches Wissen zu verfügen. Könnte das tatsächlich die Lösung hinter dem Ganzen sein? Es gibt eigentlich kein Schema? Das wäre doch aber ein wenig zu einfach, oder nicht? Sicher ist nur, dass Massive Dynamic eine große Rolle spielt und irgendwie mit den Schema-Vorfällen in Verbindung steht. Es lässt sich nur schwer vorstellen, dass ZFT eine fiktive Terrorgruppe sein soll, so wie Morales es beschreibt. Dafür hat man in den bisherigen Folgen schon zu viel von deren Machen-schaften zu sehen bekommen. Es ist wohl relativ sicher, dass es im FRINGE Universum zwei Parteien gibt, ZFT und Massive Dynamic. Nur wer hier gut und böse ist, das lässt sich zu diesem Zeitpunkt noch nicht sagen.

In dieser Episode wird Olivia wieder von den Erinnerungen an John Sott heimgesucht. Die Erscheinungen nehmen drastisch zu und sie hat Angst, völlig verrückt zu werden. Andererseits führen die Visionen sie zum zweiten Mal zu einen geheimen Versteck, das wertvolle Informationen bereithält. Ein Keller-raum, in dem Kisten mit Fröschen gelagert werden. Diese produzieren eine biologische Droge, die wie Olivia so schön anmerkt, Halluzinationen erzeugen, die einen Menschen buchstäblich zu Tode erschrecken können. Es stellt sich die Frage, was es mit ihren Visionen nun wirklich auf sich hat. Walter hat die Ursache wissenschaftlich erklärt und doch erscheinen die Szenen, in denen Olivia sogar E-Mails von ihrem toten Ex-Partner bekommt, sehr real. Sind es wirklich nur Visionen oder haben die FRINGE Autoren noch eine Überraschung für uns in der Hinterhand?

Die Szene, in der Olivia sich in den Tank legt, erinnert an einen Exorzismus. Sie will sich von einem „quälenden Dämon" befreien und Walter hat vorsichtshalber eine Bibel im Labor. Zudem lässt er seine Assistentin Astrid auch noch Bibeltexte vorlesen. Damit beweisen die Autoren mal wieder ihren Sinn für Humor und huldigen den klassischen Horrorfilm. Am Ende der Episode möchte Olivia unbedingt noch mal in den Tank zurück, sie hofft, möglicherweise noch mehr Informationen in den Erinnerungen von John Scott zu finden. Ausgerechnet Walter ist es, der ihr davon abrät. Plötzlich scheinen die Rollen vertauscht, Walter wirkt besonnen und vernünftig, Olivia dagegen fanatisch und irrational. Genau dessen wird sie sich einen Moment später auch bewusst. Walter Bishop mag ein moderner Frankenstein sein, aber er verfügt über eine tiefe menschliche Moral und kann zwischen richtig und falsch unterscheiden. Meistens.

Die Autoren weben sehr geschickt verschiedenen Handlungsfäden in das FRINGE Universum ein, von denen immer ein wenig mehr enthüllt wird. Auch Peter Bishops Vergangenheit wird wieder ein wenig beleuchtet. Wir lernen eine frühere Freundin von ihm kennen, die selber so einige Probleme hat. Um ihren gewalttätigen Partner kümmert sich Peter dann noch in angemessener Art und Weise. Hier lernt der Zuschauer mal eine ganz andere Seite von ihm kennen. Aber auch Peters eigene Probleme sind noch lange nicht aus der Welt geschafft. Die Leute, denen er Geld schuldet, wissen nun, dass er wieder in der Stadt ist. Es dürfte nur eine Frage der Zeit sein, bis ein paar, sicher nicht zimperliche Schuldeneintreiber bei ihm auftauchen. Mutationen, Biowaffen und jetzt auch noch Inkasso. Manche Menschen ziehen Probleme wirklich magisch an.

Highlight

- Olivias Traumsequenz, in der sie John Scotts Erinnerungen erforscht.

Symbolcode

- Hand, Schmetterling, Blume, Apfel, Apfel =V.O.I.C.E, englisch = Stimme

Der Beobachter

- Taucht gleich ganz am Anfang auf, als Marx Young aus dem Fahrstuhl kommt. Er steht mit verschränkten Armen an der Wand im Hintergrund.

Bishopologie

- Walter: „Oh, oh ...“
  Olivia: „Was?“
  Walter: „Gerade habe ich eine Erektion!“
  Als sich Olivia gerade für den Wassertank fertigmacht.

Besonderes

- In der Anfangsszene, als der Mann auf das Auto stürzt und das Massive Dynamic Schild sichtbar wird, ist der Name der Straße zu erkennen: Bell Plaza. Eine Anspielung auf den Gründer von Massive Dynamic, William Bell.
- In dem Notizbuch von Marc Young, das Olivia sich ansieht, ist auf einer Seite der Name Dr. Peretti zu lesen. In der Folge *1x04 Die Ankunft* sieht man einen Grabstein mit der Aufschrift - Casey Peretti. Gibt es da einen Zusammenhang?
- Als Olivias Laptop hochfährt, ist auf dem blauen Bildschirm „ZenoFX Multimedia“ zu lesen.

Das erste Mal tauchte der Begriff „Zeno" in der Pilotfolge in Olivias Traumsequenz auf dem Kajak ihres Opas auf.

- Das Flugticket, das Olivia in der Wohnung von Marc Young findet, ist von der Oceanic Airlines. Oceanic Airlines ist die Fluggesellschaft, die auch bei der Serie LOST eine große Rolle spielt. Das auf der Insel abgestürzte Flugzeug gehörte dieser Firma.

- Bei der Verfolgungsjagd am Ende der Folge ist für den Bruchteil einer Sekunde ein Logo auf einem schwarzen Van zu sehen. Dies ist der Hinweis auf die nächste Folge. Das gleiche Logo ist in „Little Hill" zu sehen.

Noch Fragen?

- Ist das Schema nur ein großes Ablenkungsmanöver von Massive Dynamic? Was wäre dann das wirkliche Ziel? Wäre ZFT dann nicht auch nur eine Erfindung? George Morales wirkte sehr überzeugt von seiner Sache und wurde immerhin auch schnell beseitigt. Das Wissen dieses Mannes kann also nicht so unbedeutend gewesen sein.

- Sind die Erscheinungen von John Scott wirklich nicht real? Wieso bekommt Olivia dann sogar E-Mails von ihm?

Folge #1X10: „Durch die Wand"

Originaltitel:	„Safe"
Erstausstrahlung USA:	2.Dezember 2008
Erstausstrahlung DE:	25.Mai 2009
Drehbuch:	Zack Whedon, Julia Cho
Regisseur:	Frederick E.O. Toye
Wertung:	9/10

Gastdarsteller:
Angel David(Raul Lugo),David Shumbris, Greg Schmalbach(Surveyor), Frank Deal(Bank Manager),Village(Bradley), Karl Kenzler(Agent Martin), Andre B. Blake(Ed Smith), Amir Arison(Dr.Bruce Miller), Rosa Arredondo(Susan Lugo), Jennifer van Dyck(Technikerin),Belinda Sinclair(Frau in der Bar),Sean Mahon(Barkeeper),James Frain(Mr.Kohl), Chance Kelly(Mitchell Loeb), Paul Fitzgerald(Ryan Eastwick), Jared Harris(David Robert Jones),Blair Brown(Nina Sharp),

Inhalt

Olivian Dunham und ihrem Team bietet sich am Tatort eines Banküberfalls ein bizarrer Anblick: Ein toter Mann steckt mitten in der Wand zum Tresorraum fest. Dieser Überfall reiht sich in ein Muster von Banküberfallen ein, die alle eine Gemeinsamkeit aufweisen: Die Tresorräume weisen keinerlei Beschädigungen auf und jedes Mal wurde nur der Inhalt eines bestimmten Schließfaches gestohlen. Walter Bishop erkennt schnell, dass die Täter offenbar über eine Technologie verfügen müssen, die es ihnen ermöglicht, durch feste Materie hindurchzugehen. Das Team versucht zu ermitteln, auf welche Gegenstände die Täter es abgesehen haben. Peter Bishop findet heraus, dass alle Schließfachnummern der sogenannten Fibonacci Folge entsprechen. Als er dies seinem Vater erzählt, kann Walter sich erinnern: Die Schließfächer wurden von ihm selber vor über 20 Jahren angelegt. Er glaubt die Einzelteile einer von ihm entwickelten Zeitmaschine dort versteckt zu haben …

Kommentar

Die 10. Folge der ersten Staffel FRINGE legt ein atemloses Tempo vor und präsentiert interessante Enthüllungen. Es werden einige kleinere Fragen beantwortet, nur um viele neue in den Raum zu werfen. Mitchell Loeb ist immer noch der Mann im Hintergrund. Er ist der Anführer einer kleinen Truppe, die besondere Gegenstände im Auftrag von David Jones besorgen soll. Loeb scheint eine wirklich wichtige Position innezuhaben. In der Episode 1x08 war er der Mann, der Joanne Ostler beauftrage, die geheime Gleichung zu besorgen. Am Ende der Folge sahen wir, wie Loeb den Stahl eines kleinen Tresors durchdrang und so einen Apfel aus dem Inneren entfernen konnte. Dies war eine Generalprobe für die Maschine mit der Loeb und seine Leute nun durch Wände gehen können. Damit wurde die Grundlage für die Handlung dieser Episode gelegt. Mitchell Loeb ist ein sehr nebulöser Charakter, über den man wenig erfährt. Kennengelernt haben wir ihn als FBI Agenten, aber schnell wurde klar, dass er ein Verräter ist. Fast hätte ihn ein unheimlicher Parasit getötet, was die Frage aufkommen lässt, wer ihn beseitigen wollte. Schließlich war es David Jones, der ihm das Leben rettete. Bisher wurde auch nicht gezeigt, wie Phillip Broyles auf die Feststellung reagierte, dass Loeb für die andere Seite arbeitet. Eigentlich hat man als Zuschauer bisher nicht erfahren ob das FBI überhaupt Kenntnis davon hat das Mitchell Loeb hinter den aktuellen Ereignissen steckt oder zumindest beteiligt ist. Dass er für David Jones arbeitet, ist hingegen klar. Auch Jones ist nach wir vor eine mysteriöse Figur, von der wir so gut nichts wissen. Er sitzt immer noch in seiner Zelle im deutschen Hochsicherheitsgefängnis in Frankfurt. Man kann eigentlich nur schlussfolgern, dass Loeb und Jones zu ZFT gehören, auch wenn das in der Serie bisher nicht explizit gesagt wurde. Man weiß grob von drei Parteien im FRINGE Universum: ZFT, Massive Dynamic und das FBI, die versuchen, dieses Konstrukt aus Geheimnissen und Verschwörungen aufzudecken. In einer der kurzen Szenen dieser Episode, in der Nina Sharp auftaucht, spricht sie von mächtigen und motivierten Gegnern, mit denen sich Massive Dynamic im Wettstreit befindet. Ein Wettstreit darum, welche Partei sich als erstes die besten Technologien zu Eigen machen kann. Oder steckt doch mehr dahinter? In der Episode 1x09 erzählte George Morales, dass das Schema nur der Ablenkung dienen würde, genau wie ZFT nur eine fiktive

Terrororganisation sei. Nach den Ereignissen dieser Folge aber scheint das eher unwahrscheinlich. Massive Dynamic hat einen realen Gegner und dieser macht keine halben Sachen. Somit kann man davon ausgehen, dass auch das Schema existiert und nicht nur eine Erfindung ist.

Die Szenen mit Nina Sharp zeigen uns, dass immer noch versucht wird, Informationen aus den Erinnerungen von John Scotts Leichnam zu extrahieren. Das Team von Massive Dynamic scheint damit aber ein paar Probleme zu haben. Sie finden aber heraus, dass Olivia ihre Gedankenströme mit denen von Scott verbunden hat. Dabei sind wichtige Erinnerungen auf Olivias Gehirn übergegangen. Diese haben sich, wie wir wissen, in einigen Episoden auch als Tagträume und Visionen manifestiert und sie an den Rand der Verzweiflung gebracht. In dieser Episode kann Olivia nicht mehr unterscheiden, ob die Erinnerung an ein Abendessen ihre eigene oder die von Scott sind. Dies erschüttert das Vertrauen in ihre eigene geistige Gesundheit.

Eine erstaunliche Erkenntnis ist es, als Walter feststellt, dass die Bankschließfächer allem Anschein nach von ihm selber angelegt wurden. Dabei hat er keine Erinnerung mehr daran und weiß zuerst auch nicht, was er damals wohl darin versteckt hat. Später fällt ihm ein, dass er tatsächlich mal an einer Zeitmaschine gearbeitet hat, die allerdings nicht funktionierte. Trotzdem sei diese Technologie theoretisch für andere Zwecke zu gebrauchen und somit sehr gefährlich, wie Walter erklärt. Deshalb zerlegte er seine Maschine in Einzelteile und versteckte diese in verschiedenen Städten bei unterschiedlichen Banken. Die Nummern der Schließfächer wählte Walter anhand der Fibonacci Sequenz aus, woran er sich schließlich auch erinnern kann. Interessant ist auch Walters Motivation, eine Zeitmaschine zu bauen. Wir erfahren, dass Peter Bishop als Kind fast an einer seltenen Form der Vogelgrippe gestorben wäre. Walter wollte einen schweizer Arzt aus der Vergangenheit in die achtziger Jahre holen, damit dieser Peter hätte heilen können. Dieser Arzt sei der Einzige, der schon mal diese Form der Vogelgrippe erfolgreich bekämpft hat. Da Walters Zeitmaschine aber nicht funktionierte, wurde aus dem Plan leider nichts. Aber Peter wurde völlig unerwartet wieder gesund, was einige Ärzte als Wunder bezeichneten. Interessanterweise hat

Peter Bishop auch an diese doch sehr dramatische Zeit seiner Kindheit keine Erinnerungen mehr. Warum nur?

Walter ist es zwar nicht gelungen, eine Zeitmaschine zu bauen, dafür aber einen voll funktionsfähigen Teleporter. Mit diesem gelingt es Loebs Team, David Jones aus der Zelle in Deutschland auf ein verlassenes Flugfeld in Amerika zu beamen. Star Trek lässt grüßen. Eine unglaubliche Technologie, die jetzt im Besitz einer gefährlichen Organisation ist. Schon die Möglichkeit, durch massive Wände durchzugehen, war beeindruckend, aber Teleportation ist noch ein ganz anderes Kaliber. Kein Wunder also, dass Massive Dynamic hinsichtlich des Vorsprungs der Konkurrenz langsam nervös wird. Als Oliva Dunham dann gegen Ende der Folge auch noch entführt wird, spitzt sich die Lage dramatisch zu. Phillip Broyles verdächtig sofort Nina Sharp irgendetwas mit der Entführung zu tun zu haben, doch diese scheint selber davon überrascht und beunruhigt zu sein. Doch ganz so unwissend kann Sharp nicht sein. Sie weiß sicher, dass die Gegenseite Olivia entführt hat und auch der Grund dürfte ihr klar sein. Das Massive Dynamic Team hat ja gerade erst herausgefunden, dass in Olivias Gehirn wichtige Informationen von John Scott schlummern, die nur darauf warten, extrahiert zu werden. Leider ist David Robert Jones aber schneller gewesen und nun befindet sich Olivia Dunham in den Händen dieses gefährlichen Psychopathen. Somit endet diese Episode mit einem sehr spannenden Cliffhanger und vielen offenen Fragen.

Highlight

- Die spektakuläre Befreiung von David Jones aus dem deutschen Gefängnis. Hierbei kommt Walter Bishops Teleporter zum Einsatz.

Symbolcode

- Gesicht r.M, Frosch r.u., Blatt r.o., Apfel r.o., Apfel l.u. = T.R.A.D.E = Handeln, eintauschen

Der Beobachter

- Taucht in dieser Folge gleich am Anfang auf. Neben dem toten Wachmann ist er auf einem der Überwachungsmonitore zu sehen. Ungefähr bei 00:33

Bishopologie

- Walter: „Ich war mal in Baltimore. Ich erinnere mich an eine Frau – mit ungeheuer großen Brüsten!"
- Verkäuferin: „Was wollen sie sägen, Holz?"
  Walter Bishop: „Nein, menschliches Gewebe. Fleisch und Knochen."

Besonderes

- In der Episode 1x07 verlangt David Jones von Olivia Dunham, dass sie den angeblich gefangenen Joseph Smith eine Frage beantworten lässt: Wo lebt der Gentleman? Smith war zu diesem Zeitpunkt schon tot, aber Walter Bishop gelangt es, die Antwort aus dem Gehirn zu extrahieren. *„Little Hill"* lautete die Antwort. In dieser Folge erfährt man nun endlich, dass dies der Name eines kleinen Flugplatzes ist.
- Zack Wheadon, einer der beiden Drehbuchautoren dieser Folge, ist der Bruder von Joss Wheadon, dem Schöpfer der TV-Serie *„Buffy - Die Vampirjägerin"*.
- Olivia verfügt über ein sehr gutes Gedächtnis, sie kennt sogar noch die Zahlenkombination ihres Schulspintes von der Highschool: 36-21-7. Oder das Nummernschild einer früheren Schulfreundin: 7240168
- Als Olivia und Peter in der Bar sind, sieht man im Hintergrund ein Plakat mit der Aufschrift *„The Colds"*. Dies ist ein Hinweis auf die nächste Episode, in der es um einen *„Cold* Virus" (Schnupfenvirus) geht.

Noch Fragen?

- Für wen arbeiten Jones und Loeb? Wahrscheinlich für ZFT, aber eine Bestätigung dafür gab es bisher noch nicht. Verfolgen sie möglicherweise sogar eigene Ziele?
- Welche wichtigen Informationen hatte John Scott noch in seinem Kopf? Für wen hat er gearbeitet?
- Wenn Peter Bishop als Kind fast an einer seltenen Art der Vogelgrippe gestorben wäre, wieso kann er sich nicht daran erinnern?
- Walter Bishop hat in der Vergangenheit einen funktionsfähigen Teleporter gebaut. Welche anderen unglaublichen Erfindungen von ihm warten noch darauf, gefunden zu werden?

Folge #1X11: „Das Schnupfenvirus"

Originaltitel:	„Bound"
Erstausstrahlung USA:	20.Januar 2009
Erstausstrahlung DE:	8.Juni.2009

Drehbuch:	Jeff Pinkner, J.J.Abrams, Roberto Orci Alex Kurtzman
Regisseur:	Frederick E.O. Toye
Wertung:	9/10

Gastdarsteller: Jared Harris(David Jones), Christopher Place(Agent), David Shumbris,Stephen Schnetzer(Professor Stewart Kinber),Peter J. Fernandez(Dr.Simon), Trini Alvarado(Samantha Loeb),Change Kelly(Mitchel Loeb), Ari Graynor(Rachel), Michael Gaston(Sanford Harris), Lily Pilyblad(Ela),Sara Wilson(Tara Coleman)

Inhalt
Olivia Dunham wurde von unbekannten Tätern entführt. Broyles setzt sein ganzes Team auf die Suche nach seiner Agentin an, doch Olivia schafft es,

ihren Entführern zu entkommen. Dabei stellt sie einige Proben aus der Lagerhalle sicher, in der sie festgehalten wurde. Unterdessen stirbt ein Epidemiologe während einer Vorlesung, als ihm ein monströser Parasit aus dem Mund krabbelt. Das FBI Team hat nun gleich zwei Fälle aufzuklären: Wer entführte Olivia Dunham und was steckt hinter dem Parasiten? Doch es bahnt sich zusätzlicher Ärger an, als Broyles Abteilung unerwarteten Besuch von der Dienstaufsicht bekommt. Ausgerechnet Broyles früherer Freund, Sanford Harris, soll die Arbeit der Abteilung für Grenzwissenschaften unter die Lupe nehmen. Der Mann, den Olivia Dunham vor Jahren wegen sexueller Belästigung vor Gericht brachte…

Kommentar

Die Handlung setzt nur wenige Stunden nach dem spektakulären Finale der letzten Folge ein. Olivia Dunham befindet sich in der Gewalt gefährlicher Gangster. Dessen wird sie sich bewusst, als sie gefesselt auf einem Tisch durch dunkle Gänge geschoben wird. Sofort fällt auf, dass nur einer aus der Gruppe eine Maske trägt, um nicht von Olivia erkannt zu werden. Mitchel Loeb hat auch hier wieder seine Finger im Spiel. Tatsächlich arbeitet er immer noch beim FBI in der Abteilung für Grenzwissenschaften unter der Leitung von Phillip Broyles. Das erklärt natürlich, warum er immer genau darüber Bescheid wusste, welche neuen Erkenntnisse das FBI über ZFT erlangt hat. Doch dies wird sein letzter Arbeitstag sein, denn Olivia kommt ihm auf die Schliche. Hierbei hilft ihr ihre ausgezeichnete Beobachtungsgabe, sodass sie Loebs Schuhe wiedererkennt, die sie zuvor aus ihrer unbequemen Lage auf dem Tisch sehen konnte. Es stellt sich die Frage, was genau die Täter eigentlich mit Olivia gemacht haben, als sie ihr eine lange Nadel ins Rückenmark einführten und zu welchem Zweck. Loeb spricht später davon, dass er Olivia nur retten,sie „befreien" wollte. Was er damit gemeint haben könnte, bleibt ungeklärt. Wovon wollte er sie befreien? Trägt sie irgendetwas in sich, etwas von dem sie nicht einmal selber Kenntnis hat? Was könnte das sein und wer hat es ihr implantiert? Oder meinte Loeb das eher bildlich? Die Aussage von Loeb erscheint aber sehr widersprüchlich. Wenn er vorgibt, Olivia Dunham gerettet zu haben, wovor auch immer, warum wollte er sie dann nur kurz vorher noch von seiner Frau töten lassen? Das ergibt nun wirklich keinen Sinn.

Als Olivia ihn auf kaltblütige Art und Weise von dem Tod seiner Frau unterrichtet, stellt Loeb die Frage, ob sie wenigstens wüsste, wer die „zwei Seiten" seien. Das könnte man als indirekte Bestätigung verstehen, da es sich hier tatsächlich um einen Kampf zwischen Massive Dynamic und ZFT handelt. In der letzten Folge erklärte Nina Sharp, dass der Konzern motivierte Gegner habe, die große Fortschritte machen. Demzufolge ist das FBI und somit natürlich auch Agent Dunham mitten zwischen die Fronten in einen verdeckten Krieg geraten. Loeb sprach auch davon, dass er und seine Leute einen Plan hatten und Olivia diesen nun zunichte gemacht hat. Man darf sich fragen, was Loeb wohl vorhatte. Olivia berichtet Broyles von ihrer Theorie: Sie vermutet, dass die Täter möglicherweise planen, eine Epidemie auszulösen. Deshalb tötet die Terrorzelle reihenweise Epidemiologen. Oder wie Broyles es so schön formuliert: „Die wollen die Feuerwehr loswerden, bevor sie den Brand legen." Und als wenn die aktuellen Ereignisse nicht schon schlimm genug wären, bekommt Broyles unerwarteten Ärger, in Form von Sanford Harris. Wir erinnern uns: In der Pilotfolge von FRINGE erfahren wir, dass Olivia Dunham vor einiger Zeit gegen Harris wegen sexueller Belästigung ermittelte, woraufhin er auch verurteilt wurde. Als Broyles die Abteilung für Grenz-wissenschaften übernimmt, sagt er Olivia deutlich, dass Harris ein guter Freund von ihm sei und er ihre Untersuchung nicht gutheißt. Doch mit der Freundschaft scheint es nicht mehr so weit her zu sein, als Broyles feststellt, dass Harris seiner Abteilung und ganz speziell Agent Dunham ordentlich auf den Zahn fühlen will. Er stellt sich vor sein Team und ist ziemlich verärgert, als er erfährt, wie man Agent Dunham „geholfen" hat: Gerade als Olivia die Flucht gelungen ist, wird sie von Harris Team gewaltsam festgenommen. Nicht gerade die Verstärkung, die sie sich erhofft hatte. Als Olivia im Krankenhaus gefesselt ans Krankenbett aufwacht, setzt Harris ihr ordentlich zu. Seine Verurteilung wegen sexueller Übergriffe wurde aufgehoben und nun will er sich an der Frau rächen, die ihm den Ärger einbrachte. Er stellt ihre Diensttauglichkeit und die ihres Teams infrage. In einer schönen Video-montage werden dann kurze Rückblicke aus dem Pilotfilm zu den einzelnen Charakteren gezeigt. Dabei erfährt der Zuschauer, dass Peter Bishop schon siebenmal inhaftiert war. Harris will Olivias Untauglichkeit anhand der Leute, mit denen sie sich umgibt, belegen. So wie er es darstellt, sind in ihrem Team nur kriminelle oder Geisterkranke. Diese Szene erinnert stark an den Versuch, Ninas, Broyles Team als inkompetent darzustellen. Olivia kann sich diesmal noch durchsetzen, aber Sanford Harris wird wohl auch in Zukunft noch für den einen oder anderen Ärger sorgen.

Nach dem Ende der letzten Episode hätte man wohl erwartet, dass auch David Jones in dieser Folge auftauchen würde. Aber er bleibt verschwunden. Dafür darf sich Olivia Dunham mal so richtig austoben. Ihre Flucht aus der Lagerhalle ist spektakulär und auch der Kampf mit Samantha Loeb ist sehr actionreich inszeniert. Agent Dunham darf sich als weiblicher Rambo versuchen und erledigt alle Feinde mit tödlicher Präzision. So haben wir sie bisher noch nicht erleben dürfen. Im Kontrast dazu bekommt der Zuschauer seltene private Einblicke. Wir lernen ihre Schwester Rachel und deren Tochter Ella kennen. Rachel hat anscheinend so einige Probleme und zieht ihre Tochter alleine groß. Olivia bietet den beiden an, erst einmal bei ihr zu wohnen, was dankend angenommen wird. Ganz so selbstlos scheint das aber auch nicht zu sein. In der letzten Episode fragte Peter Olivia nach einer besten Freundin, woraufhin sie zugeben musste, keine zu haben. Dabei erwähnt sie das erste Mal ihre Schwester. Nach all den unglaublichen Ereignissen, die über Olivias Leben hereingebrochen sind, leidet sie sicher unter ihrer privaten Einsamkeit. Ihr Weltbild ist ins Wanken geraten. Umgeben von unglaublichen Phänomenen und einem Netz aus Verschwörungen und Verrat, sehnt sie sich nach einem Stück Normalität. Da ist es sicher schön, wenn wenigstens im Zuhause der Rest der Familie wartet, der ihr geblieben ist. Man kann gespannt sein, ob zwischen Olivia und ihrer Schwester auch das Thema über den gewalttätigen Vater angesprochen werden wird. Zudem gibt es in dieser Folge wieder einen romantischen Unterton zwischen Olivia und Peter Bishop. Nichts Konkretes, aber einige Blicke und Momente der Verlegenheit lassen eine Tür für Gefühle zwischen den beiden Charakteren zumindest nicht zuschlagen.

Diese Episode schlägt einen gelungenen Bogen zum Anfang der Serie. Es werden viele Ereignisse aus dem Pilotfilm zitiert und somit kann der Zuschauer noch einmal das Gedächtnis auffrischen. In der Mitte der ersten Staffel, genau der richtige Zeitpunkt für diesen kleinen Rückblick, der auf die zweite Hälfte und die restlichen Episoden spannungsvolle Erwartungen weckt.

Highlight

- Endlich wird Mitchel Loeb enttarnt. Der Verräter war für die meisten Vorfälle und Morde der letzten Episoden verantwortlich.

Symbolcode

- Hand l.u., Blatt r.o., Hand r.M., Apfel l.u., Apfel r.o. =S.A.V.E.D. = gerettet

Der Beobachter

- Ungefähr bei Zählerstand 13:01, als Olivia vor dem Gelände der Harvard Universität parkt, sieht man ihn den Weg entlanggehen. Aber nur ganz klein im Hintergrund!

Bishopologie

- Walter: „Sie ist bildschön, findest du nicht?"
  Peter: „Wer?"
  Walter: „Die Schnecke!"
- Walter:„So was ist früher dauernd im Labor passiert. Da werde ich ganz nostalgisch."
  Walter bei der Suche nach dem Monsterparasit.

Besonderes

- Unter den Nebendarstellern der Episode wird auch Jared Harris (David Jones) aufgeführt, obwohl der Charakter in dieser Folge nicht zu sehen ist.
- Am Ende der Episode liegt Olivia mit ihrer Nichte Ella im Bett und liest ihr aus dem Buch „What's the Noise" vor. Dies ist ein Hinweis auf die nächste Folge, in der das tödliche Computerprogramm mit der Frage „What's the Noise?" startet.

Noch Fragen?

- Wo ist David Jones? Am Ende der letzten Episode sah es so aus, als wenn er sich persönlich um seine Geisel kümmern wollte.
- Von welchen zwei Seiten spricht Mitchel Loeb? Anzunehmen, dass ZFT und Massive Dynamic gemeint sind. Es stellt sich aber immer noch die Frage: Wer ist gut und wer böse?
- Planen irgendwelche Mächte eine künstliche verursachte Epidemie auf die Menschheit loszulassen, so wie es Olivia Dunham vermutete? Geht es um die Vernichtung von Menschen oder möchte ein Konzern wie Massive Dynamic möglicherweise an dem Heilmittel viel Geld verdienen?
- Welches Schicksal lastet auf Rachel, Olivias Schwester? Hatte auch sie in der Kindheit unter dem gewaltsamen Vater gelitten?

Folge #1X12: „Gehirnfresser"

Originaltitel:	„The No Brainer"
Erstausstrahlung USA:	27.Januar.2009
Erstausstrahlung DE:	15.Juni.2009

Drehbuch:	David H. Goodman, Brad Caleb Kane
Regisseur:	John Polson
Wertung:	5/10

Gastdarsteller:
Mark Elliot Wilson(Verkäufer), Mark Lotito(Paul Wilkes), Randy Kovitz(Mark), Susan Knight(Cynthia Elaine Wiles), Kelly Kirklyn(Miriam), Gbenga Akinnagbe(Akim),Noah Fleiss(Luke Dempsey),Mary Beth Peil(Jessica Warren), Ari Graynor(Rachel), Michael Gaston(Sanford Harris), Chris Bauer(Brian Dempsey),Lily Pilblad(Ella),Jake O' Connor(Gregory Wiles),

Inhalt

Olivia Dunham und ihr Team untersuchen den mysteriösen Todesfall eines Autoverkäufers. Bei der Leiche wird festgestellt, dass sich die Gehirnmasse verflüssigt hat. Kurz darauf gibt es weitere Todesfälle nach gleichem Muster. Agent Farnsworth findet heraus, dass auf den Computern der Opfer kurz vor deren Tod eine große Datei aus dem Internet geladen wurde. Anscheinend könnte diese Datei den Tod der Menschen verursacht haben. Dem FBI-Team bleibt nur wenig Zeit, herauszufinden, wer diese Datei in das Internet einge-speist hat, um zu verhindern, dass noch mehr Menschen sterben. Oder gibt es vielleicht ein Muster, nachdem die Opfer ausgewählt werden? Die Ermittlungen gestalten sich schwieriger als gedacht, denn Sandford Harris wird nicht müde, die Ermittlungen von Agent Dunham zu behindern. Walter Bishop erlebt eine Überraschung, als eine Frau aus seiner Vergangenheit ihn besuchen möchte …

Kommentar

Nach der turbulenten Achterbahnfahrt der letzten Folge geht es wieder ein wenig ruhiger zur Sache. Es gilt einen normalen Fall-der-Woche aufzuklären. Wobei der Begriff „normal" im FRINGE Universum doch sehr dehnbar ist. Der deutsche Episodentitel „Hirnfresser" verspricht zumindest die Fans von Horrorfilmen nicht zu enttäuschen. Ein tödliches Computerprogramm, das bei den Opfern die Gehirne schmelzen lässt und sich über das Internet verbreitet. Das klingt zuerst wie der Inhalt eines B-Movie Horrorfilms und Ähnlichkeiten zu Filmen wie „The Ring" oder „The Call" lassen sich wohl nicht leugnen. Das ganze Team ist gefragt, um das Rätsel hinter diesem Mysterium zu lösen und den Täter zu fassen, bevor er noch mehr Menschen töten kann. Schön zu sehen, dass Astrid Farnsworth auch endlich mal mehr machen darf, als immer nur Kaffee kochen und Eis zu holen. Ihr Charakter steht zwar meist im Hintergrund, man darf aber nicht vergessen, dass sie eine vollwertige FBI Agentin ist. Trotzdem gibt sie sich bescheiden und ist mit ihrer Aufgabe als Laborassistentin zufrieden Es wäre aber sicher sehr spannend, Astrid mal so richtig in Action erleben zu dürfen. Vielleicht fällt den Autoren da etwas für die zweite Staffel ein. Diesmal darf sie ihre Fähigkeiten dazu einsetzen, die zerstörten Festplatten der Opfer wiederherzustellen. Astrid entdeckt den für diesen Fall entscheidenden Hinweis, dass auf diesen Festplatten eine große Datei heruntergeladen wurde, kurz bevor die Opfer starben. Sie versucht, den Ursprung dieser Datei herauszufinden, betont aber, dass dies einige Zeit in Anspruch nehmen wird. Deshalb versucht Peter Bishop sein Glück bei einem Bekannten, den er noch aus früheren Tagen kennt. Akim scheint ein begabter Hacker zu sein, aber seine Freude Peter wiederzusehen, hält sich in Grenzen. Peter kann ihn trotzdem überreden, ihm zu helfen. Er bietet ihm eine goldene Münze an, die sehr wertvoll zu sein scheint. Akim wundert sich, dass diese Münze noch in Peters Besitz ist. Aus dem Gespräch der beiden wird deutlich, dass Peter sie bei einem Pokerspiel gewonnen hat.

Auch Walter Bishop wird von den Geistern der Vergangenheit heimgesucht. Die Mutter der Assistentin, die vor Jahren bei einem Unglück in Walters Labor ums Leben gekommen ist, versucht, Kontakt zu ihm aufzunehmen. Jessica Warren ist aber keineswegs darauf aus, Walter Vorwürfe zu machen, so wie Peter es zuerst vermutet. Sie möchte vom ihm nur wissen, wie er sie erlebt und kennengelernt hat. Der Vorfall, der dafür sorgte, dass er in eine psychiatrische Klinik eingewiesen wurde, belastet auch nach all den Jahren sein Gewissen und die Trauer um seine Assistentin ist aufrichtig. Am Ende der Episode erleben wir einen sehr einfühlsamen Walter Bishop, der die richtigen Worte findet, um Jessica Warren ein kleines Stück Seelenfrieden zurückgeben zu können. Peter beobachtet sichtlich gerührt, wie sein Vater die alte Frau tröstend in die Arme nimmt. Er hatte die ganze Zeit über Angst, dass eine Konfrontation mit dieser Geschichte seinen Vater zu sehr belasten würde. Deswegen sind Olivia und Peter in dieser Folge auch zum ersten Mal so richtig aneinandergeraten. Oliva ist der Meinung, dass Walter durchaus in der Lage ist, sich der Situation und damit der Vergangenheit zu stellen. Peter aber sieht das anders und will seinen Vater beschützen. Er entschuldigt sich später bei Ihr, nachdem er festgestellt hat, dass sie doch recht hatte. Somit schließen eigentlich alle Frieden mit diesem Kapitel der Vergangenheit und für Peter Bishop bleibt die Einsicht, dass sein Vater ein Teil seines Lebens geworden ist.

Sanford Harris legt sich schon in der zweiten Episode nach seinem Erscheinen beim FBI so richtig ins Zeug, um Olivia Dunham das Leben schwer zu machen. Er sagt ihr auch unmissverständlich, dass er ihre Arbeit für unnötige Steuer-

geldverschwendung hält und alles tun wird, um die Abteilung für Grenzwissenschaften dichtzumachen. Eine klare Kampfansage. Philip Broyles lässt
sich das aber von seinem früheren Freund nicht so einfach gefallen. Als Harris
versucht, Olivias Erfolg in diesem Fall als eine Reihe von Vorschriftsmiss-
achtungen zu sezieren, droht er ihm, Olivia weiter bei Ermittlungen zu
behindern. Er spricht sogar davon, sich persönlich vor seine Agentin zu stellen
und mahnt Harris davor, sich mit ihm anzulegen. Dieser nimmt das nur wenig
beeindruckt zur Kenntnis. Da ist das letzte Wort noch lange nicht gesprochen
und man wird sehen, wie sich die Anwesenheit von Sanford Harris auf die
weitere Arbeit von Olivia Dunham auswirken wird. Insgesamt eine eher
durchschnittliche Folge, die aber zumindest mit einigen persönlichen Einblicken
punkten kann.

Highlight

- Wir lernen Walters sensible Seite kennen, als er Jessica Warren
  gegenübersteht.

Symbolcode

- Blatt l.o., Blume l.o., Hand l.u., Blatt l.u., Schmetterling l.M,
  Schmetterling r.M. = B.I.S.H.O.P

Der Beobachter

- Als Olivia den Anruf von Peter bekommt, rast sie mit ihrem Auto nach
  Hause. Bei Minute 18:31 steht er mit seinem Aktenkoffer am Straßenrand. Zu sehen in der rechten Bildhälfte.

Bishopologie

- Astrid: „Es wird gleich eine Leiche angeliefert."
  Walter: „Das ist der Augenblick, auf den ich mich jeden Tag am
  meisten freue. Ich weiß, dass uns da draußen was Bizarres erwartet,

ich weiß nur nicht, was es ist. Das ist wie eine Wundertüte aus dem Gruselkabinett, findest du nicht, Peter?"

Besonderes

- Mary Beth Peil, die in dieser Episode die Jessica Warren spielt, sowie Joshua Jackson haben zuvor schon bei der Serie „Dawsons Creek" jahrelang zusammengearbeitet.
- Als Walter den toten Autoverkäufer untersucht, ist im Hintergrund an der Wand kurz ein Werbeplakat mit folgender Aufschrift zu sehen: *Lease for 718$ per Month.* Dies ist der Hinweis auf die nächste Episode, in der es um den Flug 718 geht.

Noch Fragen?

- Alle Opfer wurden bewusst ausgewählt, weil Brian Dempsey sich an ihnen rächen wollte. Warum wurde dann aber Ella angegriffen? Und warum hat sie diesen Angriff völlig unbeschadet überstanden, im Gegensatz zu allen anderen Opfern?
- Was genau ist in Walters Labor passiert, als Carla Warren starb?

Folge #1X13: „Conrad"

Originaltitel:	„The Transformation"
Erstausstrahlung USA:	3.Februar 2009
Erstausstrahlung DE:	22.Juni 2009

Drehbuch:	J.R. Orci, Zack Whedon
Regisseur:	Brad Anderson
Wertung:	6/10

Gastdarsteller:

Neal Huff(Marshall Bowman), Armando Riesco(Gavin),Ari Graynor(Rachel),
Al Sapienza(Conrad Moreau), Ash Roeca(Agent),
Olivia Palenstein(Stewardess),Mike Realba(Steward), Judy
Sinclair(Frau),Guiesseppe Jones(Agent),Chris Lapanta(Gavins
Handlanger),Dina Ann Comolli(Mutter),Lily Pilblad(Ella),Darby Totten(Agent),

Inhalt

Flug 718 stürzt unter mysteriösen Umständen ab. Das FBI findet unter den
Leichen ein monsterähnliches Wesen. Walter Bishop findet heraus, dass es
sich dabei wahrscheinlich um einen Menschen gehandelt hat, der mittels
eines genetisch veränderten Virus in dieses Monster verwandelt wurde. Agent
Dunhams Team vermutet, dass es sich bei dem Virus um eine neuartige
Biowaffe handelt und diese nun auf dem Schwarzmarkt verkauft werden soll.
Kurze Zeit später machen sie einen möglichen Käufer aus: einen international
gesuchten Waffenhändler, der nur unter dem Namen „Conrad" bekannt ist.
Olivia Dunham erinnert sich daran, dass John Scott möglicherweise über die
entscheidenden Hinweise verfügte. Um an diese Informationen ranzu-
kommen, muss sie sich wieder in den Wassertank begeben und die
Erinnerungen ihres früheren Partners erforschen ...

Kommentar

Diese Episode beginnt recht spektakulär und erinnert an die erste FRINGE Folge: Auch hier ist der Aufhänger der Story ein mysteriöser Vorfall in einem Flugzeug. Ein Mann verwandelt sich plötzlich in ein Ungeheuer und bringt die Maschine zum Absturz. Und auch diesmal ist ein Virus die Ursache für den Vorfall. Wie wir später erfahren, wurde dieses Virus künstlich hergestellt und soll als Biowaffe verkauft werden. So langsam fragt man sich, wie viele verrückte Wissenschaftler es in der Welt von FRINGE noch gibt. Mittlerweile hat der Zuschauer schon einige dieser denkwürdigen Charaktere kennengelernt.

Olivia kommt gerade nach Hause und etwas ist anders: Ihre Wohnung ist plötzlich nicht mehr so kalt und still. Sie genießt es sichtlich, dass ihr Zuhause voller Leben ist und Menschen auf sie warten, wenn sie von der Arbeit kommt. Ganz besonders, wenn es sich dabei um den Rest ihrer Familie handelt, der ihr geblieben ist. Ihre Schwester Rachel spielt angeregt mit Ella, Olivias Nichte, die sich gerade durch ihre Schmucksammlung arbeitet. Eigentlich erstaunlich, wie viel Schmuck Olivia hat, wenn man bedenkt, dass sie für ihre Arbeit lebt und kaum ausgeht. Zumindest ist das der Eindruck, den man von ihrem Privatleben hat. Peter gegenüber hatte sie mal erwähnt, dass sie keine Freundinnen hat. Seid John Scotts Tod ist auch das Thema Beziehung erledigt. Genau das aber ist das Thema, dass Rachel anspricht, als sie den Verlobungsring von Scott findet. Olivia ist das unangenehm und eigentlich will sie selbst mit ihrer Schwester nicht darüber sprechen. Rachel argumentiert, dass sie ihr, im Bezug auf ihre kaputte Ehe, auch alles anvertraut hat und so verrät Olivia, dass Scott eine große Enttäuschung war, da er sich als Verräter entpuppte. Sie ist überzeugt davon, dass er sie nur manipuliert und für seine Zwecke benutzt hat. In dieser Folge erhält sie aber die Möglichkeit, die Wahrheit über John Scott zu erfahren, denn der Fall erfordert, dass Olivia in den berüchtigten Wassertank zurückkehrt, der es ermöglicht, die Gedankenwelt von Scott zu erforschen. Obwohl Walter Bishop immer wieder betont, dass es nur Erinnerungen sind und Scott sie nicht sehen kann, passiert genau das hier schon zum zweiten Mal. Als sie sich das erste Mal in die Gedankenverschmelzung begeben hat, sah Olivia ihren früheren Partner in einem Restaurant sitzen. Schon da hatte sie den Eindruck, er könnte sie sehen, was natürlich absurd ist. Aber in dieser Episode ist irgendwie alles anders. John sieht Olivia tatsächlich und kann sogar mit ihr sprechen. Als erste Reaktion auf diesen Schock erschießt sie Scott in der Erinnerungswelt, was schon eine merkwürdige Situation ist, die auch Walter Bishop nicht nachvollziehen kann. John Scott kann Olivia sogar Informationen über den aktuellen Fall geben, was von den Autoren schon ziemlich weit hergeholt erscheint. Schließlich verrät er ihr, dass er in Wahrheit ein Geheimagent der NSA war, der als Killer den Auftrag hatte, den mysteriösen Waffenhändler Conrad zu töten. Und weil seine Abteilung so geheim war, konnte er Olivia nie die Wahrheit über ihn verraten. Nach anfänglichem Zögern glaubt sie ihm schließlich, obwohl sich diese Informationen in der realen Welt nicht überprüfen lassen. Walter Bishop erklärt Olivia, dass sich ihr Gehirn langsam von der Gedankenverschmelzung erholt und somit auch ihre Visionen und Tagträume verschwinden werden. Darunter hatte sie lange gelitten und im Hinterkopf schwebte immer die Angst, verrückt und damit dienstuntauglich zu werden. Jetzt, wo Walter ihr die eigentlich gute Nachricht der Heilung überbringt, scheint die Freude doch nicht so groß zu sein. Auf der einen Seite verliert sie eine wichtige Informationsquelle, haben Scotts Erinnerungen doch in der Vergangenheit oft wichtige Hinweise gegeben, auf der anderen Seite verspürt sie so etwas wie Trauer, ihren Partner ein zweites Mal zu verlieren. Gerade jetzt, wo sie eine Erklärung für sein Verhalten bekommen hat und sich seiner Liebe sicher ist. Ein ziemliches Gefühlschaos und das wegen einer Person, die physisch schon einige Zeit tot ist. Die Macher lassen sich in dieser Episode doch dazu hinreißen, sehr viele kitschige Klischees einzubauen und vernachlässigen damit die Glaubhaftigkeit der Story. Dass sich die beiden Charaktere in einer Gedankenwelt auf einem Flusssteg treffen können und posthum ihre Liebe gestehen - naja. Damit dürfte dann aber zumindest dieser Handlungszweig abgeschlossen sein und die Visionen von Scott sollten aufhören. Wobei die Erklärung, dass er ein NSA-Agent gewesen sein soll, im Nachhinein immer noch unschlüssig erscheint. Wenn alles nur Tarnung war, warum wollte er Olivia dann töten? Vielleicht haben es sich die Autoren da doch etwas zu einfach gemacht. Eine besondere Überraschung für Olivia Dunham ist es, als Broyles ihr gesteht, dass der Leichnam von John Scott gar nicht unter der Erde ist, sondern bei Massive Dynamic im Labor. Als Walter Bishop bei der Leiche von Marschall Bowman eine Glasdisc in der Hand findet, erinnert sich Olivia sofort daran, dass man so eine Disc auch bei der toten DEA-Agentin Evelina Mendoza gefunden hatte. Am Ende der Folge *1x03 Roy* sah man, wie Broyles die Disc Nina Sharp überreichte. Es ist schon einige Episoden her, dass sich Olivia und Nina gegenüberstanden und auch jetzt ist die Stimmung der beiden nicht von Sympathie geprägt. Trotzdem möchte Nina Sharp, dass Agent Dunham weiß, dass es nicht ihre Entscheidung war, ihr zu verschweigen, dass John Scotts Leiche bei Massive Dynamic gelagert wird. Diese Tatsache macht ihr schon ein wenig zu schaffen, besonders als sie die Leiche von John noch mal sehen kann. Immerhin hatte sie ihn schon beerdigt und die Gefühle, die sie mit ihm verbindet, sind ein buntes Potpourri aus Liebe, Wut und Trauer.

Broyles erklärt seiner Agentin, dass man nur weiß, dass diese Discs zur Datenspeicherung dienen und Massive Dynamic über das nötige Know-how verfüge, um diese zu untersuchen. Diese Discs werfen schon einige Fragen auf: Welche Informationen sind darauf gespeichert? Wer hat sie hergestellt und welche weiteren Personen haben so eine Disc implantiert? Auch Nina Sharp hüllt sich in Schweigen und verrät nur, dass die bisher entschlüsselten Daten angeblich beweisen würden, dass John Scott einer Bioterrorzelle angehören würde. Genau das könnte aber seine Tarnung bei der NSA gewesen sein, wenn er möglicherweise ZFT unterwandern sollte. Die Wahrheit über John Scotts Vergangenheit bleibt also auch weiterhin ein Rätsel.

Peter Bishop beweist in dieser Episode, dass er nicht nur als FBI Berater und Babysitter seines Vaters taugt. Er steht Olivia zur Seite, als es darum geht, die Übergabe des Virus in einem Hotel durchzuführen, um die Hintermänner dingfest zu machen. Wie er selber anmerkt, sind Geschäfte mit zwielichten Gestalten in zwielichten Hotelhallen genau sein Fachgebiet. Immerhin war es genau so eine Situation, in der ersten FRINGE Folge, wo sich Olivia und Peter das erste Mal getroffen haben. Es ist bemerkenswert, dass er sich in diese durchaus lebensgefährliche Situation begibt, nur um ihr zu helfen. In solchen

Szenen schwebt über Olivias Kopf immer ein wenig Verlegenheit, weil man Peters Fürsorge auch natürlich als Zuneigung verstehen kann.

Erstaunlicherweise taucht in dieser Folge Sandford Harris überhaupt nicht auf. Seitdem er angetreten ist, Broyles Abteilung dichtzumachen und ganz besonders Agent Dunham auf den Zahn zu fühlen, hat er keine Gelegenheit ausgelassen, die Ermittlungen zu behindern. Diesmal aber lässt er sich nicht blicken. Erstaunlich deshalb, weil es sich hierbei um keinen kleinen Fall handelt. Immerhin gilt es, einen Flugzeugabsturz zu untersuchen. Ich bin mir aber sicher, dass wir uns in einer der nächsten Folgen wieder über ihn ärgern dürfen. Diese Folge leidet deutlich daran, dass sie mit zu vielen schmalzigen Szenen überfrachtet wurde. Darunter leidet die Glaubwürdigkeit der Handlung, die rückblickend auf vorherige Folgen unschlüssig wirkt.

Highlight

- Olivia kann von John Scott Abschied nehmen und erfährt die vermeintliche Wahrheit, dass er für die NSA als Geheimagent gearbeitet hat.

Symbolcode

- Blatt r.o., Hand l.M., Blume l.o., Blatt r.o., Seepferd r.u. =A.V.I.A.N = Vogel, Geflügel

Der Beobachter

- Die Macher der Serie wollen es uns anscheinend immer schwerer machen, den Beobachter zu finden. Auch diesmal ist er nur ganz kurz und winzig klein im Bild zu sehen. Bei Minute 4:58 auf dem großen Feld steht er in der rechten Bildhälfte unterhalb der beiden Autos.

Bishopologie

- Olivia: „Wir geben ihm das Gegenmittel. Ob es wirkt oder nicht."
  Walter: „Ein Experiment! Das ist ja aufregend!"
- Peter (am Telefon)
  „Bishops Gruselkabinett …!?"
- Olivia: „Schneiden sie seine Hand auf."
  Walter: „Schnippeln macht Spaß!"

Besonderes

- Als Olivia sich im Wassertank befindet und im Motel aufwacht, sieht sie aus dem Fenster. Dabei spiegelt sich die Motel-Leuchtwerbung in der Scheibe, aber auch eine Schrift darunter ist zu sehen. In Spiegelschrift steht dort ZFT. Dies ist der Hinweis auf die nächste Episode, *1x13 Das Manifest*, in der wir erfahren, was es mit dieser Organisation auf sich hat.
- Bei dem Absturz des Fluges 718 starben 147 Passagiere. Das ist exakt die gleiche Opferzahl wie bei Flug 627 aus der ersten FRINGE Folge.
- Es gab tatsächlich ein Flugzeugunglück der United Airlines Flug 718. Am 30. Juni 1956 kollidierte das Flugzeug über dem Grand Canyon mit einer anderen Maschine. Flug 718 war ein Linienflug von Los Angeles nach Chicago. Dieser Vorfall führte zu umfangreichen Diskussionen über die Flugsicherheit in den USA.
- Der Name des Waffenhändlers lautet Conrad Moreau. Dies ist eine Referenz an das Buch „Die Insel des Dr. Moreau" von H.G. Wells. In dem Buch geht es um einen Wissenschaftler, der auf einer Insel verbotene Experimente an Menschen durchführt: Er verwandelt sie in tierähnliche Wesen.

Noch Fragen?

- Wenn John Scott wirklich ein NSA-Agent gewesen ist, warum wollte er dann Olivia töten?

- Wieso hat sich Sandford Harris aus einem so bedeuteten Fall wie diesen herausgehalten?
- Welche Informationen sind auf den Glasdiscs gespeichert? Warum werden sie auf so komplizierte Art und Weise versteckt? Wie viele davon gibt es?
- Welche Informationen hat Massive Dynamic schon von den Discs bekommen? Nina Sharp schweigt sich dazu ja aus.
- Wieso sagt Nina Sharp nicht, dass sie von der Gedankenübertragung zwischen Olivia und John Scott weiß?

Folge #1X14: „Das Manifest"

Originaltitel:	„Ability"
Erstausstrahlung USA:	10.Februar 2009
Erstausstrahlung DE:	29.Juni 2009

Drehbuch:	Robert Chiappetta, Glen Whitman, David H. Goodman
Regisseur:	Norberto Barba
Wertung:	10/10

Gastdarsteller:
Jared Harris(David Robert Jones), Michael Gaston(Sanford Harris), Noah Bean(FBI Agent), Chance Kelly(Mitchel Loeb), Kenneth Tigar(Warden Johan Lennox), Philip LeStrange(Tommie), Clark Middleton(Edward Markham), Ben Van Bergen(Kunde im Buchladen)

Inhalt
Seit der Flucht von David Jones aus dem deutschen Gefängnis sind zwei Wochen vergangen. Noch immer gibt es keine Spur von ihm. Völlig unerwartet taucht Jones in der FBI-Zentrale auf und lässt sich festnehmen. Er will nur mit Agent Olivia Dunham sprechen. Als ein Kioskverkäufer durch eine unbekannte Substanz stirbt, wird klar, dass Jones ein Druckmittel gegen das

FBI in der Hinterhand hat. Er droht, dass in der Stadt eine Bombe mit dieser Substanz gezündet wird, wenn Olivia Dunham seinen Forderungen nicht nachgibt. Jones hat für Agent Dunham eine ganz besondere Aufgabe vorbereitet …

Kommentar
Eine unglaubliche Folge, vollgepackt mit Spannung, Geheimnissen und einigen Antworten. Die Handlung spielt zwei Wochen nach den Ereignissen der Folge *1x10 Durch die Wand*. In einer Rückblende sehen wir noch mal die spektakuläre Flucht von David Jones aus dem deutschen Hochsicherheitsgefängnis. Das unerklärliche Verschwinden aus der Zelle sorgt natürlich für Verwirrung, sowohl bei den deutschen Beamten als auch beim FBI. Olivia lässt sich von Walter nochmals versichern, dass er tatsächlich einen Teleporter gebaut hat, mit dem man Menschen wie in „Star Trek" beamen kann. Eine gefährliche Technologie in den falschen Händen.

Als wir dann David Jones wieder zu sehen bekommen, steigt er gerade aus einer Dekompressionskammer. Walter erklärte zuvor, dass ein Mensch der teleportiert worden ist, wochenlang in so einer Kammer wieder normalisiert werden muss. Die Auswirkungen einer Teleportation sind für den menschlichen Körper verheerend. Jones fragt seine Leute, ob sie alles nach seinen Wünschen vorbereitet haben, er verfolgt also wieder einem Plan. Worum es da geht, sehen wir in der nächsten Szene, als ein harmloser Kioskverkäufer Opfer einer tödlichen Substanz wird. Diese lässt binnen weniger Minuten sämtliche Körperöffnungen zuwachsen, sodass man letztendlich erstickt. Ein wirklich bizarrer Anblick.

Außerdem gibt es ein Wiedersehen mit Mitchel Loeb. Olivia hofft, von ihm Informationen über den gesuchten David Jones zu bekommen. Loeb befindet sich offenbar in einem Militärgefängnis, für einen Landesverräter nicht ungewöhnlich. Olivia droht ihm mit der Verlegung in eine andere Haftanstalt, die anscheinend über einen zweifelhaften Ruf verfügt. Sie hofft, ihm damit einschüchtern zu können, aber Loeb zeigt sich völlig unbeeindruckt. Er sagt ihr, dass es völlig unwichtig sei, ob Jones gefasst wird oder nicht, er sei auch nur ein „Soldat der Armee" und „was geschrieben steht, wird passieren". Und genau dieser letzte Satz ist auch der Kernpunkt dieser Episode. Geschrieben steht dies in dem Manifest *„Zerstörung durch Fortschritte der Technologie"* und das ist auch die Bedeutung hinter der Abkürzung ZFT. Olivia nimmt an, dass ZFT vielleicht nicht nur der Name der Organisation hinter dem Schema ist, sondern *„die Bibel dieser Leute"*, wie sie sagt. Also ein Manifest, das Ereignisse der Zukunft prophezeit und somit das Handeln dieser Organisation bestimmt. Interessanterweise ist nur der Titel dieses Buches Deutsch, der eigentliche Inhalt aber in Englisch verfasst. Welchen Zweck sollte das wohl haben? J.J. Abrams hat aber schon öfter in seinen Serien und Filmen deutsche Namen und Begriffe verwendet, also ist es eigentlich nicht so verwunderlich, dass er diese Tradition auch in seiner neuesten Kreation beibehält.

Natürlich will Olivia dieses Manifest gerne in die Hände bekommen, darin sollten sich doch viele nützliche Informationen finden lassen. Leider ist es aber schwer, eine Kopie davon zu finden. Peter Bishop nutzt auf Olivias Bitten einen seiner vielen nebulösen Kontakte. Diesmal ist es ein schrulliger Buchhändler, der ihm weiterhelfen soll und tatsächlich kann er ein altes Exemplar des ZFT Manifest besorgen. Der Inhalt dieses Werkes ist sehr interessant und aufschlussreich für die weitere Handlung der Serie. In dem Buch steht geschrieben, dass der unverantwortliche Umgang der Menschen mit der Wissenschaft zu einem Krieg und möglicherweise somit auch zur Apokalypse führen wird. In der Serie wurde schon öfter angedeutet, dass es einen Krieg geben wird, dass sich zwei Seiten für eine Schlacht vorbereiten, aber wer diese zwei Seiten sind, wurde bisher nicht eindeutig beantwortet. Peter beschreibt das Manifest als *„Aufruf zum Krieg"* und *„antiwissenschaftlich"*. Wer ist wohl der Autor dieser Schrift? In diesem Manifest wird der unkontrollierte Drang nach technologischem Fortschritt angeprangert, und wenn man darüber nachdenkt, verkörpert Massive Dynamic all diese schlechten Aspekte der Wissenschaft. Somit scheint sich zu bestätigen, dass dieser Konzern durch die Gier nach immer besserer Technologie auch immer mächtiger werden wird. Zumal Massive Dynamic zwar über Technologien verfügt, die der zivilen um Jahre voraus ist, aber nicht daran denkt, diese auch mit der Allgemeinheit zu teilen. Also strebt die Firma eindeutig nach einem

Machtmonopol im wissenschaftlichen Bereich und genau das ist es, wovor das Manifest unter anderem warnt.

Auch die Textstelle, die Walter später vorliest, hat es in sich:

„Wir glauben, die Wirklichkeit zu verstehen, doch unser Universum ist nur eines von vielen. Nicht bekannt ist, dass eine Möglichkeit zwischen ihnen hin und her zu reisen schon entdeckt wurde und zwar von Wesen, die uns ähneln, deren Geschichte der unseren aber weit voraus ist. Die negativen Aspekte solcher Reisen wären irreversible, sowohl für unsere als auch für ihre Welt. Es wird mit einer Reihe unnatürlicher Vorfälle beginnen. Zunächst sind sie schwer zu entdecken, nehmen jedoch zu, ähnlich einem Krebsgeschwür. Und irgendwann wird sich die simple Tatsache nicht mehr abstreiten lassen. Nur eine Welt wird überleben. Entweder unsere oder ihre."

Dies sind sehr interessante Informationen, wenn man sich die bisherigen Folgen der Serie noch mal in Erinnerung ruft. Gemeint ist natürlich das steigende Aufkommen von unerklärlichen Vorfällen, die man schließlich einem Schema zugeordnet hat. Aber aus diesem Text könnte man auch deuten, dass der Auslöser für die Schema-Vorfälle Reisen in Paralleluniversen sein könnten. Aber wer oder was ist gereist und wohin? Als erstes fällt einem der geheimnisvolle Beobachter ein. Dass der glatzköpfige Mann nicht von unserer Welt ist, liegt auf der Hand. Das Manifest beschreibt „Wesen, die uns ähneln". Wenn der Beobachter also aus einer parallelen Welt stammt, wieso besucht er dann unsere? Bisher tauchte er jedes Mal auf, wenn einer der Schema-Vorfälle in unserer Welt auftrat. Er griff aber nie ein, sondern sah nur zu. Wenn die Reisen der Auslöser für diese Ereignisse sind, dann tragen möglicherweise diese Wesen die Verantwortung dafür. Es waren vielleicht sie, die diese Grenze überschritten haben, indem sie unsere Welt besuchten und immer noch besuchen. Dann hat der Beobachter vielleicht die Aufgabe, die Ereignisse zu dokumentieren, die wir als das Schema kennen, um die Auswirkungen solcher Reisen zu erforschen. Es heißt im Manifest, dass nur eine Welt überleben würde. Bedeutet das etwa, dass es einen Krieg zwischen der Welt des Beobachters und der unseren geben wird? Eigentlich hat er sich bisher immer friedlich verhalten und sogar Walter Bishop geholfen, als es in der Episode *1x04 Die Ankunft* darum ging, den mysteriösen Zylinder in Sicherheit zu bringen. Dort wirkte es eher so, als wenn er unsere Welt beschützen wollte. Es könnte auch sein, dass es in der Parallelwelt zwei befeindete Parteien gibt. Die einen wollen vielleicht den Krieg gegen unsere Welt führen, die anderen genau diesen verhindern. Zumindest wird das Thema der alternativen Realitäten ganz sicher einen zentralen Kern in der weiteren Handlung von FRINGE einnehmen.

Man muss sich auch fragen, warum diese Schrift die Zukunft voraussagt, denn bisher ist die Prophezeiung eingetroffen. Woher aber hat dann der Verfasser sein Wissen? Die Enthüllung am Ende der Folge, dass anscheinend Walter Bishop der Verfasser des Manifests war, ist ein echter Paukenschlag und er selber ist auch überrascht über diese Feststellung. Woher hat er sein Wissen, das er aufgeschrieben hat? Das könnte mit Walters Erfindung zu tun haben, vielleicht hat der Teleporter ja tatsächlich mal als Zeitmaschine funktioniert? Walter reiste in die Zukunft, sah was passieren würde und schrieb es dann auf. Oder vielleicht hat er die Parallelwelt des Beobachters besucht? Bisher haben wir auch nur einen kleinen Teil des Manifests zu sehen bekommen, da dürfte für die Autoren der Serie jede Menge Potenzial vorhanden sein. Man muss aber bedenken, dass auch William Bell der Autor des ZFT Manifest sein könnte, immerhin haben die beiden früher zusammen in dem Labor gearbeitet. Sicher ist nur, dass es in diesem Labor geschrieben wurde.

Eine weitere überraschende Enthüllung dieser Folge ist die Tatsache, dass Olivia Dunham über paranormale Fähigkeiten verfügt und es verblüfft niemanden mehr, als sie selber. David Jones wusste dies wohl schon immer. Als er zum ersten Mal in der Serie auftrat, kannte er Olivia Dunham bereits, aber woher bloß? Der Anschlag mit der Bombe wurde von ihm nur aus dem einzigen Grund durchgeführt, Olivias Fähigkeiten zu testen. Oder wusste Jones schon vorher, dass sie es schaffen würde, die Lichter mit ihren Gedanken auszuschalten und wollte auf diese Art nur noch Olivia selber von ihrem Können überzeugen? Sie passt genau in die Beschreibung des Manifests, das die Rekruten als *ungläubig* und *unwillig* darstellt. David Jones erklärt Olivia später, dass man sie mit einem Mittel Namens Cortexiphan behandelt habe, genau wie alle anderen Rekruten. Deshalb nahmen Loeb und seine Leute auch eine Untersuchung an Olivias Rückenmark vor, um sicherzustellen, dass sie auch wirklich einer der geeigneten Kandidaten ist. Cortexiphan ist laut Nina Sharp ein experimentelles Mittel, dass William Bell in einer Studie an Kindern testen ließ. Das Mittel sollte die Fähigkeiten, die der menschliche Geist von Geburt an hat, erhalten. Laut Bell waren damit wohl auch übernatürliche Fähigkeiten gemeint. Nina Sharp erklärt, dass sich Cortexiphan als unwirksam erwies und man die Versuche damit einstellte. Soweit die Version von Massive Dynamic. David Jones behauptet nun aber, dass Olivia eines dieser Kinder war, das mit dem Mittel behandelt wurde und dass es sehr wohl funktioniert hat. Sie kann sich aber überhaupt nicht daran erinnern und hält diese Äußerung für wirre Gedanken eines Psychopathen. Der Anruf von Nina Sharp am Ende der Folge ändert dies aber: Nina teilt ihr mit, dass es noch eine weitere kleine Versuchsreihe gab. Auf einem Militärstützpunkt in Jacksonville, auf dem ihr Vater früher stationiert war und sie einen Teil ihrer Kindheit verbrachte. Diese Gewissheit lässt für Olivia Dunham viele offene Fragen im Raum stehen. Zusammen mit den anderen Erkenntnissen dieser Folge haben die Macher die Spannungskurve ordentlich angezogen und es bleiben noch fünf Folgen der ersten Staffel, um vielleicht noch die eine oder andere Antwort zu liefern.

Highlight

- Wir erfahren, dass Olivia Dunham übernatürliche Fähigkeiten besitzt und sie als Rekrutin von ZFT ausgewählt wurde.

Symbolcode

- Schmetterling l.M., Blume l.u., Blume l.o., Hand l.M., Blume l.o., Blatt r.o. = O.L.I.V.I.A

Der Beobachter

- Als der Kioskverkäufer panisch die Straße herunterläuft, rempelt er ihn fast um! Diesmal ist der Beobachter sehr gut zu sehen, bei Minute 05:44.

Bishopologie

- Walter zu Astrid: „Grundgütiger riecht das faulig! Eine andere Frage: Essen Sie gerne Kaffeetorte?"

Besonderes

- Der Kioskverkäufer, Thomas Avery, empfiehlt seiner Bekannten den Film „Charade" von 1963. In dem Film gibt es einen Charakter mit dem Namen Peter Joshua. **Peter** Bishop wird von **Joshua** Jackson gespielt.
- In der Kioskszene sieht man ganz kurz einen kleinen gelben Baum, der an dem Dach befestigt ist. Dies ist der Hinweis auf die nächste Episode. Dort ist ein gelbes Duftbäumchen der Hinweis auf den gesuchten Serienkiller.
- Der Film Charade ist eine Kriminalkomödie mit vielen Wendungen. Auf einer FRINGE Fanseite wird die Nennung des Films in der Serie als Popkultur-Referenz verstanden. Auch in dem Film ist nichts wie es zuerst scheint.
- Als Peter Bishop seinen Freund, den Buchhändler, besucht, will ein Kunde gerade eine Erstausgabe von Jonathan Carroll's „The Land of Laughs" (Das Land des Lachens) kaufen. Das Buch handelt von einer Fantasiewelt, in der die merkwürdigsten Dinge passieren. Es geht im weitesten Sinne um verschiedenste Realitäten. Eine Metapher nicht nur auf diese Folge, sondern allgemein auf die Welt von FRINGE.
- Olivia sollte bei beiden Schalttafeln genau 47 Lichter ausschalten. Dies ist eine Anspielung auf J.J. Abrahams Agentenserie „Alias". Die 15. Folge der ersten Staffel hieß „Seite 47".

Noch Fragen?

- Welches sind die anderen Tests, die Olivia noch machen soll?
- Hat Olivia noch andere, unentdeckte Fähigkeiten? Wenn ja, welche?

- Wer das Manifest geschrieben? Es könnte sowohl Walter Bishop als auch William Bell gewesen sein, da beide früher zusammen in dem Labor gearbeitet haben.
- Wie ist David Jones aus dem Krankenhaus geflohen? Wurde er etwa wieder mit dem Teleporter befreit? Warum ist dann aber ein großes Loch in der Wand?
- Ist der Beobachter eines der Wesen, das im Manifest beschrieben wird?
- Was für parallele Welten gibt es und welche werden wir in der Serie zu sehen bekommen?
- Was genau passiert mit Menschen, die teleportiert worden sind?
- Welche Aufgaben haben die Rekruten?
- Wird es den prophezeiten Krieg geben?

Folge #1X15: „Ohne Worte"

Originaltitel:	„Inner Child"
Erstausstrahlung USA:	7.April 2009
Erstausstrahlung DE:	6.Juli 2009
Drehbuch:	Brad Caleb Kane, Julia Cho
Regisseur:	Frederick E. O. Toye
Wertung:	7/10

Gastdarsteller: Erik Palladino(Eliot Michaels), Ari Graynor(Rachel), Spencer List(Das Kind), Victor Williams(Phil), Matt Mulhern(Dennis), Sandra Daley(Dr. Winick), Jimmy Palumbo(Mike), Alicia Goranson(Tattoo Girl), Phil Nee(Archie), Jeremy Shamos(Der Künstler),Carolyn Feldschuh(ältere Frau),Carrie Keranen(Frau),Mary Lou Shriber(Krankenschwester),Chad Gittens(Agent),Robyn Payne(Agent),Lily Pilblad(Ella),

Inhalt

Als ein Gebäude gesprengt werden soll, finden einige Arbeiter einen versteckten unterirdischen Bau. Dort entdecken sie einen verwahrlosten Jungen. Er hat weiße Haut, keine Haare und spricht nicht. Niemand weiß, wer er ist oder woher er kommt. Olivia Dunham und ihr Team können sich nicht erklären, wie er dort hingekommen ist. Als ein Serienkiller die Stadt unsicher macht, sieht der Junge die Namen der nächsten Opfer voraus. Er scheint besondere, mentale Fähigkeiten zu haben. Olivia Dunham sieht darin eine Chance, den Killer zu fassen, bevor er sein nächstes Opfer töten kann. Auch das CIA scheint ein großes Interesse an dem Jungen zu haben und möchte ihn in eine spezielle Einrichtung verlegen lassen ...

Kommentar

Diesmal ist Olivia Dunham einem gefährlichen Serienkiller auf der Spur, der seine weiblichen Opfer grausam verstümmelt. Er kündigt seine Taten vorher an, indem er ein Fax an das FBI sendet. Das erhöht natürlich den Druck auf die Ermittlungsbehörde, denn ein Opfer zu verlieren, von dem man schon vorher wusste, dass der Killer es töten wollte, macht sich in der Presse bestimmt nicht gut.

Eine Szene zeigt, wie der Täter seine Opfer überwältigt und dies ist eine schöne Referenz an den Filmklassiker „Das Schweigen der Lämmer": In der Szene gibt der Serienkiller vor, behindert zu sein. Er sitzt in einem Rollstuhl und will angeblich einige Sachen in einen Lieferwagen laden. Eine junge Frau, das potenzielle Opfer, sieht dies und fragt nach, ob sie ihm helfen soll. Als sie ihm dann den Rücken zukehrt, steht der Killer plötzlich aus dem Rollstuhl und zerrt sie in den Wagen. Diese Szene gleicht der aus dem Jodie Foster Film frappierend und kann sicher als Verbeugung der Autoren vor dem Thrillermeisterwerk verstanden werden.

Das FBI hat also einen sehr gefährlichen Serienkiller zu fassen und die Identität des geheimnisvollen Jungen aufzuklären. Dabei fängt der Tag für Olivia Dunham eigentlich sehr ruhig an. Sie wird liebevoll von ihrer Nichte geweckt und ihre Schwester Rachel kümmert sich um das Frühstück. Man merkt, dass es Olivia gut tut, dass ihre Schwester und ihre Nichte bei ihr wohnen. Gerade mit Ella kann Olivia sich gut vorstellen, wie es wäre, selber Mutter zu sein. Aber ihre Arbeit holt sie schnell wieder ein, als Charlie anruft und ihr mitteilt, dass es neue Hinweise über den „Künstler" gibt. Das ist der Name, den man dem Serienkiller gegeben hat. Als wenn das noch nicht genug wäre, bekommt Olivia auch noch einen Anruf von Broyles, der sie in einem Krankenhaus treffen will. Dort angekommen, sieht sie den namenlosen, bleichen Jungen, dessen Herkunft Rätsel aufgibt. Er spricht nicht und wird von niemandem vermisst. Seine Identität ist nicht zu ermitteln und es gibt auch keine Erklärung, wie er in diese unterirdischen Räume gekommen ist. Interessant wird es, als er den Namen des nächsten Opfers aufschreibt. Olivia glaubt zuerst, dass „Sam Gilmore" der Name des Jungen wäre und er sich so mitteilen möchte. Als sie dann aber erfährt, dass die gefundene tote Frau Samantha Gilmore heißt, fällt der Groschen. Natürlich vermutet man zuerst, dass es eine Verbindung zwischen dem Jungen und der Frau gibt. Als sich rausstellt, dass dies nicht der Fall ist, fragt sich das FBI, woher er den Namen des Opfers kannte. Walter Bishop stellt schnell die Theorie auf, dass der Junge aufgrund seiner vermutlich jahrelangen Isolation einen besonderen Sinn entwickelt hat, der es ihm ermöglicht, Gefühle und Absichten anderer Menschen mental zu empfangen. Möglicherweise hat er also die Gedanken des Killers empfangen und weiß deshalb, welches sein nächstes Opfer sein wird. Zu Olivia hat der Junge schnell Vertrauen aufgebaut, weshalb er ihr helfen möchte, den Serienkiller zu fassen. Leider sind seine Kommuni-kationsfähigkeiten eingeschränkt, deshalb fragt sie Walter, ob es eine Möglichkeit gibt, irgendwie die Gedanken des Jungen zu lesen, sodass sie rechtzeitig die Information bekommt, wer das nächste Opfer ist. Natürlich hat Walter eine Antwort auf dieses Problem und zwar den schon aus der Episode 1x03 bekannten Neurostimulator. Er kam zum ersten Mal bei Roy Mccomb zum Einsatz. Daran können sich Olivia und Peter auch noch gut erinnern, weshalb sie Walter auch sofort untersagen, dieses Gerät bei dem Jungen einzusetzen. Beim letzten Mal musste der Helm mit Schrauben befestigt werden, die direkt im Schädelknochen verankert wurden. Walter verspricht, den Neurostimulator so umzubauen, dass dies nicht mehr notwendig ist. Doch bevor das Team den Versuch starten kann, werden sie abrupt unterbrochen. Broyles taucht unerwarteterweise im Labor auf und hat den Mann von der

Jugendfürsorge im Schlepptau. Es stellt sich heraus, dass Eliot Michaels in Wirklichkeit ein CIA-Agent ist, der die Befugnis hat, den Jungen mitzunehmen. Das CIA hat anscheinend ein großes Interesse an dem Kind. Kein Wunder, seine Fähigkeiten wären für einen Geheimdienst natürlich äußerst wertvoll. Das erste Mal taucht Michaels im Krankenhaus auf, als Olivia den Jungen besucht. Als er Olivia mitteilt, dass er veranlasst hat, den Jungen zu verlegen, reagiert dieser körperlich darauf, obwohl er das Gespräch gar nicht mit angehört hat. Auch hier wird seine mentale Fähigkeit deutlich. Im Rückblick kann man sich fragen, warum der Junge eine solch große Angst verspürt hat. Er scheint zu ahnen, dass die Verlegung nichts Gutes für ihn bedeuten kann. In derselben Szene sieht man später, wie der Agent telefoniert und zu der Person am Telefon sagt: „ Ich bin gerade im Krankenhaus. Ich glaube, wir haben noch einen gefunden." Was meint er mit „noch einen"? Gibt es etwa noch andere Kinder dieser Art?

Am Ende der Episode fühlt sich Olivia ein wenig schuldig. Der Junge hat ihr geholfen, den Serienkiller zu fassen, er vertraut ihr. Sie fühlt sich hilflos und will nicht akzeptieren, dass er nun in irgendeine CIA-Einrichtung gebracht wird. Olivia kann sich bildlich ausmalen, dass es sich dabei wahrscheinlich um Labor handelt, wo man an dem Kind die verschiedensten Tests machen wird. Es gelingt ihr tatsächlich, sogar Broyles davon zu überzeugen, dass dies nicht passieren darf. Der Junge wird schließlich mithilfe seiner Ärztin heimlich in einer Pflegefamilie untergebracht. Broyles erklärt dem Agenten später, dass der Junge vor den Augen der Wachmänner verschwunden wäre. Einfach so und völlig unerklärlich. Eine sehr kreative Erklärung, die er dem CIA-Mann da auftischt, dieser glaubt ihm natürlich kein Wort, kann aber erstmal nichts weiter tun. Schon erstaunlich, wie sich Broyles gewandelt hat. In der ersten Hälfte der Staffel hat er meistens klein beigegeben und sich diplomatisch verhalten, wenn Druck von übergeordneter Stelle kam. Mittlerweile aber setzt er sich immer öfter für sein Team ein, auch wenn das Widerstand und Ärger bedeuten kann.

Am Ende der Episode gibt es noch eine Überraschung: Wir sehen den Jungen, wie er in einem Auto weggefahren wird. Zuerst lächelt er noch, doch dann wird sein Blick plötzlich ernst. Er sieht aus dem Fenster, am Straßenrand steht der glatzköpfige Beobachter und schaut dem Auto hinterher. Der Junge sieht dabei aber nicht ängstlich, sondern eher interessiert aus. Der Beobachter und der Junge ähneln sich schon auffallend: Beide sind völlig kahl und eher schweigsam. Vielleicht haben auch beide dieselben mentalen Fähigkeiten? Könnte es möglicherweise sogar sein, dass der Junge aus der Welt des Beobachters stammt? Dass er einer von „ihnen" ist? Das Manifest aus der letzten Episode beschreibt die Wesen aus der Parallelwelt als menschenähnlich, uns aber weit überlegen. Diese Beschreibung lässt sich durchaus auch auf das Kind anwenden. Der Junge könnte also auch ein Beobachter sein. Dafür würde sprechen, dass sowohl er als auch der ältere Beobachter von rechts nach links schreiben, ohne auf das Blatt zu blicken. In der Folge „1x04 die Ankunft" sah man den Beobachter in einem Restaurant sitzen und Notizen in ein Buch schreiben. Von rechts nach links, ohne hinzusehen. Genau wie der Junge im Krankenhaus. Diese spiegelverkehrte Schreibweise wirkt logisch, wenn man annimmt, dass beide aus einer Parallelwelt stammen. Aus ihrer Sicht schreiben sie völlig normal. Die Macher der Serie bauen damit geschickt Hinweise auf die alternativen Realitäten ein. Ungeklärt ist weiterhin, wie der Junge in diese unterirdische Kammer gelangt ist und wie er dort überlebt hat. Wie Broyles schon bemerkte, gibt der Junge viele ungelöste Rätsel auf. Vielleicht erbarmen sich die Autoren irgendwann und geben uns die Antworten. Sicher eine eher durchschnittliche Folge, die aber zumindest mit einigen kleineren Überraschungen aufwarten kann.

Highlight

- Der mysteriöse Junge wirkt wie von einer anderen Welt und die Hinweise verdichten sich, dass es wirklich eine gibt.

Symbolcode

- Hand r.M., Blatt r.o., Blume l.u., Gesicht r.M., Apfel l.u., Frosch r.u. =W.A.L.T.E.R

Der Beobachter

- Diesmal musste man ihn nicht suchen, er hat einen markanten Auftritt am Ende der Folge.

Bishopologie

- Walter: „Peter, sei doch nicht so prüde. Ich nehme an, Agent Dunham weiß, wie ein Penis aussieht, nicht wahr Agent Dunham?"

Besonderes

- Der Sprengmeister Phil vom Anfang der Folge wird von Viktor Williams gespielt. Die meisten deutschen Zuschauer kennen ihn wohl aus der Serie „King of Queens" in der Williams die Rolle des Deacon Palmer spielt.

- In der Wäscherei spricht der „Künstler" Samantha Gilmore auf eines ihrer Tattoos an, das einen Greif zeigt. Ein mystisches Wesen mit Löwenkörper und Adlerkopf. Dies ist der Hinweis auf die nächste Episode, in der es um ein unheimliches Monster geht.

- In einer Szene gibt Peter dem Jungen eine GI Joe Spielfigur. Er wundert sich über die Narbe der Figur, die seiner Erinnerung nach eigentlich auf der anderen Seite sein sollte. Vielleicht ist dies nur eine Kleinigkeit, aber es könnte ein weiterer Hinweis auf die Parallelwelt sein. Hängt das irgendwie damit zusammen, dass Peter sich an vieles aus seiner Kindheit nicht erinnern kann?

- Am Ende der Folge kommt Olivia nach Hause und Rachel spielt gerade mit ihrer Tochter. Dabei sagt sie: „Ich habe ein Monster erschaffen!" Dies ist ein weiterer Verweis auf die nächste Episode, die von einem genetisch gezüchteten Monster handelt.

- In der Szene als Walter erklärt, wie er mit dem Neurostimulator die Gedanken des Jungen hörbar machen will, sagt Peter: „Ganz einfach, wie ein Omelett zu machen." Auch dies ist ein Hinweis auf die nächste

Folge, bei der Peter eine unappetitliche Erfahrung mit einem Omelett macht, in dem ein menschliches Ohr gewachsen ist.

Noch Fragen?

- Wie ist der Junge in die hermetisch verschlossene Kammer gekommen?
- Wer ist der Junge und woher stammt er? Niemand scheint ihn zu vermissen oder zu kennen. Ist er vielleicht auch ein Beobachter?
- Was für eine Sprache war es, die man hören konnte, als der Junge an den Neurostimulator angeschlossen war?
- Was für ein Interesse hat das CIA an dem Jungen und was wissen sie über ihn?
- Hat das CIA eine eigene Abteilung für Grenzwissenschaften?

Folge #1X16: „Entfesselt"

Originaltitel:	„Unleashed"
Erstausstrahlung USA:	14.April 2009
Erstausstrahlung DE:	13.Juli 2009

Drehbuch:	J. R. Orci, Zack Whedon
Regisseur:	Brad Anderson
Wertung:	7/10

Gastdarsteller:
Ari Graynor (Rachel), David Pittu(Robert Swift), Keith Nobbs(Carl Bussler), Kiersten Warren(Sonia), Tim Gallin(Cameron Deglmann), Craig Alan Edwards(Matt),Robyn Rikoon(Frau),Arjun Gupta(Mann),Kevin Rodgers(Mann),Rafi Silver(Jonathan),Ana Berry(Reporterin), Chris Jackson,Robyn Payne(FBI Agent),Laura Liz Perloe(Rezeptionistin),Lily Pilblad(Ella),Marnie Schulenberg(Mutter),Jeremy Zorek

Inhalt

Eine Handvoll Tierschutzaktivisten brechen in ein Labor ein und lassen alle gefangenen Versuchstiere frei. Dabei entkommt unerwarteterweise auch ein genetisch gezüchtetes Monster. Es tötet seine Befreier auf grauenvolle Art und verschwindet spurlos. Ein schwieriger Fall für das FBI. Als Charlie Francis von dem Monster lebensgefährlich verletzt wird, spitzt sich die Lage dramatisch zu. In seinem Körper breiten sich Parasiten aus, die ihn innerhalb von 24 Stunden töten. Walter Bishop braucht für die Herstellung eines Gegenmittels eine Blutprobe von dem Monster. Das Team macht sich auf die jagt ...

Kommentar

FRINGE beweist einmal mehr, dass diese Serie genau die richtige Adresse nicht nur für Mystery, sondern auch für Horrorfans ist. In dieser Folge muss das Team ein waschechtes Monster aufspüren, das eine Spur von blutig entstellten Leichen hinterlassen hat. Die armen Tierschützer meinten es nur gut, als sie in das Labor einbrachen, sie konnten nicht ahnen, dass dort nicht nur die üblichen Tierversuche durchgeführt werden. Das Wesen, das dort gezüchtet wurde, ist ein Hybrid aus Fledermaus, einer giftigen Echse, einer Wespe und noch etwas anderem, aber Astrid kommt nicht mehr dazu, die letzte Zutat dieses Monstercocktails zu nennen. Ein wirklich bizarres Wesen, das die Grenzwissenschaft da ausgespuckt hat.

Es fällt in dieser Folge auf, dass die Stimmung zwischen Peter und seinem Vater von Anfang an ziemlich gereizt ist. Als Peter in das Labor kommt, steht dort auf mehreren Tellern Essen verteilt. Er nimmt sich ein Eiersandwich und will gerade reinbeißen, als ihn Walter davon abhält. Als Peter es aufklappt, bietet sich ihm ein unappetitlicher Anblick: Zwischen dem Omelett findet er ein menschliches Ohr. Das bringt Peter auf die Palme und er wirft seinem Vater vor, nicht daran zu denken, dass es auch Menschen um ihn herum gibt. Er solle sich bewusst werden, Teil einer Gesellschaft zu sein und auch mal Verantwortung zu übernehmen. Walter erwidert darauf nur, dass dies schließlich ein Labor sei und in einem solchen sollte man nicht leichtfertig irgendwelche Sachen essen. Dieses gegenseitige Sticheln zwischen Vater und Sohn zieht sich wie ein roter Faden durch diese Episode. Als das Team den

Wagen der Studenten im Wald untersucht, bemerkt Walter spitz, dass es für Peter einfacher gewesen ist, seinen Studienabschluss zu fälschen, als ihn wirklich zu machen. In derselben Szene isst Walter dann einen Snack, den er im Wagen zwischen den Leichen gefunden hat, was Peter wiederum nicht fassen kann, als er es bemerkt. Walter Bishop hat anscheinend eine sehr hohe Ekelgrenze. Zusätzlich zu seinem nicht vorhandenen Schamgefühl. Die Folge ist also mit vielen Konflikten aufgeladen, damit die Wendung am Ende emotionaler wirkt. Walter Bishop beschleicht ein schlechtes Gewissen, als Charlie Francis von dem Wesen angegriffen und verletzt wird. Jedoch tötet es ihn nicht, es pflanzt ihm seinen Nachwuchs ein. Was mit den menschlichen Wirten passiert, wenn die Parasiten zu groß werden, wird dem Zuschauer eindrucksvoll gezeigt: Der Wirtskörper platzt auf und die madenähnlichen Wesen quellen aus dem offenen Brustkorb des Opfers heraus. Sicher eine der ekeligsten Szenen der ganzen Serie. Dass genau dies in ein paar Stunden mit Charlie Francis passieren soll, belastet Walter schwer, auch wenn es zuerst nicht so scheint. Da unterschätz Peter seinen Vater. Im Laufe der Ermittlungen kommt zwar raus, dass Walters Forschungen nicht daran beteiligt waren, dieses Monster zu züchten, er ist aber der Meinung, trotzdem schuldig zu sein, da er zumindest die Grundlage dafür geschaffen hat. Ihn plagen ernsthafte Schuldgefühle, die ihn sogar soweit bringen, dass er bereit ist, zu sterben, wenn dadurch dieses Monster unschädlich gemacht wird. Als Peter bemerkt dass sein Vater vorhat, sich zu opfern, will er ihn natürlich mit allen Mitteln davon abhalten. Es scheint eine Mischung aus Verlustangst und schlechtem Gewissen zu sein, die da aus Peter herausbricht. Trotz aller Schwierigkeiten und Meinungsverschiedenheiten hängt er doch sehr an seinem Vater. Kein Wunder, ist Walter doch der Einzige, der ihm an Familie geblieben ist und den will er nicht auch noch verlieren. Zum Glück kommt es nicht soweit und Walter überlebt das Treffen mit dem Monster unbeschadet. Als es ihm dann gelingt, mithilfe einer Blutprobe von dem Wesen ein Mittel herzustellen, dass Charlie gerade noch rechtzeitig heilen kann, ist aller Ärger verflogen. Peter sieht, dass sein Vater durchaus Verantwortung übernehmen kann und es am Ende wieder mal seine Genialität ist, die nicht nur verrücke Sachen hervorbringt, sondern manchmal eben auch Leben retten kann.

In dieser Folge wird ein Schwerpunkt auch auf das Privatleben der Charaktere gelegt. Wir sehen Olivia, die es genießt, Zeit mit ihrer Nichte zu verbringen und ganz aufmerksam wird, als Peter bei ihr zu Hause anruft und zwar nicht etwa, um sie über einen neuen Fall zu informieren. Er möchte mit ihrer Schwester Rachel sprechen und die beiden führen ein angeregtes und lockeres Telefonat. Olivia nimmt dies deutlich erstaunt zur Kenntnis und als Zuschauer meint man, eine leichte Eifersucht zu bemerken. Sie spricht Peter später auch auf das Telefonat an und bemerkt leicht spitzfindig, dass er nun wohl mit seiner Schwester befreundet sei. Peter weiß sofort, was los ist, belässt es aber bei der Frage, ob es Olivia denn stören würde, was sie umgehend verneint. Die Autoren streuen hier ganz nebenbei wieder ein wenig emotionale Nähe zwischen den beiden Charakteren ein. Da werden bei manchem Zuschauer sicher Erinnerungen an die guten alten Akte-X Zeiten wach.

Zum ersten Mal überhaupt in der Serie wird der Fokus auf Charlie Francis gelegt. Bisher hat man nicht wirklich viel über ihn erfahren, außer, dass er der beste Freund und Kollege von Olivia Dunham ist. Zu ihm hat sie ein uneingeschränktes Vertrauen und genießt seine bedingungslose Loyalität. Olivia kann mit ihm über alles reden und er erfüllt ihr ohne großes Nachfragen manchmal auch die absurdesten Wünsche. Die Vorstellung, Charlie zu verlieren, verdrängt Olivia aus ihrem Kopf. Wir lernen seine Frau kennen, mit der er eine harmonische Beziehung führt. Trotz der Belastungen, die seine Arbeit beim FBI so mit sich bringt. Es ist ein kluger, dramatischer Schachzug der Autoren, den Charakter Charlie Francis genau in der Episode dem Zuschauer näher zu bringen, in der man vermutet, er würde sterben. In dieser Episode musste man also gleich um das Leben zweier Charaktere fürchten, Charlie und Walter, aber beide überleben. Dieses Mal noch.

Highlight

- Walter Bishop lässt sich auch nicht von ein paar entstellten Leichen den Appetit verderben. Er nimmt sich ein Sandwich, das in dem Autowrack zwischen den Leichen lag und verspeist es genüsslich.

Symbolcode

- Schmetterling r.M., Apfel l.u., Gesicht r.M., Apfel l.u., Frosch r.u. = P.E.T.E.R

Der Beobachter

- In der Szene, die in Charlie Francis Wohnung spielt, sieht man den Beobachter im Fernsehen hinter der Reporterin vorbeigehen. Ungefähr bei Minute 21:43 zu sehen.

Bishopologie

- Astrid: „Also hat das Tier die Klauen eines Löwen und Giftzähne einer Schlange?"
  Walter: „Ja, da fällt mir eine Frau wieder ein, die ich mal in Cleveland kannte."
- Peter: „Geht es dir nicht gut? Hast du was eingeworfen?"
  Walter: „ Psychodelika? Nein, nicht seit Donnerstag."

Besonderes

- Die Schauspieler Kirk Acevedo (Charlie Francis) und Kiersten Warren (Charlies Frau) sind auch im wirklichen Leben verheiratet.
- Das Monster-Thema zieht sich durch die gesamte Episode. Als Olivia ihrer Nichte eine gruselige Geschichte vorliest, fragt Ella sie, ob es *wirklich* Monster gibt.
- Der Leiter des Tierversuchslabors heißt Robert Swift. Dies kann man also literarische Referenz zu Jonathan Swift deuten. Jonathan Swift war ein Schriftsteller und Satiriker irischer Herkunft und lebte von 1667 bis 1749 in Dublin, Irland. Er war unter anderem der Autor von dem berühmten Buch „Gullivers Reisen".
- Als Walter alleine losgeht, um sich dem Monster zu stellen, singt er das Lied „Van Amburgh's Menagerie". Issav van Amburgh war ein

Tierdompteur aus Amerika. Er war der Erste, der bei seiner Vorführung seinen Kopf in das Maul eines Löwen steckte. Eine passende Metapher auf die Situation in die sich Walter da begibt.

Noch Fragen?

- Zu welchem Zweck wurde das Monster geschaffen?
- Was war das letzte Tier, das Astrid nicht mehr nennen konnte, als sie erklären wollte, aus welchen Tiergenen das Monster erschaffen wurde?

Folge #1X17: "Alpträume"

Originaltitel:	„Bad Dreams"
Erstausstrahlung USA:	21.April 2009
Erstausstrahlung DE:	20.Juli 2009

Drehbuch:	Akiva Goldsman
Regisseur:	Akiva Goldsman
Wertung:	8/10

Gastdarsteller:
Kelly Briter(Stripperin),Nelson Pena(Agent),Ari Graynor(Rachel), David Call(Nick Lane), April Grace(Polizistin), Johanna Day(Mouse Willis), Victor Verhaeghe(Billy Willis), Rebecca Naomi Jones(Risa Pears), Ed Vassallo(Restaurant Chef), Laurie Williams(Dr. Miller), Christine Toy Johnson(Doktor), Jim Coope(Detektiv), Duane McLaughlin(Todd Pears), Leonard Nimoy(Dr. William Bell, Stimme),Shawn Andrew(Polizist),Manuel Cabral(Mann), Darren Copeland(Bouncer),Christian Pedersen(Agent),Lily Pilblad(Ella),

Inhalt

Olivia Dunham wird von einem furchtbaren Traum aus dem Schlaf gerissen: Eine junge Frau wartet auf einem New Yorker Bahnsteig auf die U-Bahn. Alles scheint normal zu sein, doch plötzlich sieht Olivia sich selber im Traum, wie sie die junge Mutter vor die heranfahrende Bahn stößt. Am nächsten Morgen erfährt sie, dass diese Frau sich ohne erkennbaren Grund vor die U-Bahn geworfen hat. Olivia kann sich nicht erklären, warum sie den Tod dieser Frau im Traum gesehen hat und fühlt sich schuldig. Sie reist zusammen mit Peter Bishop nach New York, um der Sache auf den Grund zu gehen. Als es einen weiteren mysteriösen Todesfall gibt, entdeckt sie einen Zusammenhang: Ein Mann namens Nick Lane war an beiden Tatorten, kurz bevor die Opfer starben. Olivia ahnt nicht, dass sie und Lane eine gemeinsame Vergangenheit verbindet …

Kommentar

Diese Folge bringt uns dem Schema-Mysterium ein großes Stück näher. Es wird immer deutlicher, dass Olivia Dunham nicht nur eine FBI-Agentin ist, die mysteriöse Fälle aufklärt. Vielmehr scheint ihre Vergangenheit selber so ein Fall zu sein. Lange Zeit raubten ihr die Visionen von ihrem Ex-Partner, John Scott, den Schlaf, doch dieses Mal ist es etwas völlig anderes, das sie quält. Sie kennt die Personen aus ihrem Traum nicht, sieht sich aber beim Töten dieser Menschen. Ihr Vorgesetzter Broyles erwähnt, dass Olivia schon seit Wochen nervös und zerstreut wirkt. Er macht sich Sorgen um seine Agentin, die für ihn unentbehrlich ist, wie er anmerkt. Walter Bishop ist sofort interessiert bei der Sache, als Olivia davon berichtet, dass eine Person, die sie im Traum getötet hat, auch in der Realität gestorben ist. Er stellt dazu auch gleich ein paar Theorien auf. Interessanterweise erwähnt Walter dabei auch die Möglichkeit, dass Olivia teleportiert worden sein könnte. Immerhin weiß Walter seitd den Ereignissen um David Jones, dass seine Maschine funktioniert. Schnell wird aber klar, dass Olivia nicht teleportiert wurde. Sie hat ihre Wohnung nicht verlassen und war somit auch nicht wirklich am Tatort. Walter philosophiert über die Möglichkeit, jemanden nur per Gedankenkraft töten zu können und unterstellt Olivia sogar, dass sie genau das getan hat. Dabei ist der Gedanke, dass sie verantwortlich für die Todesfälle sein könnte, schon belastend genug.

Broyles ist überhaupt nicht begeistert, als seine Agentin ihn darum bittet, den Vorfall in der U-Bahn untersuchen zu können. Als sich Olivias Ermittlungen in eigener Sache ausweiten, gibt es dann auch einen Rüffel von ihrem Chef. Wir erfahren, dass Broyles ihr dieses nur durchgehen lässt, weil Sandford Harris gerade in Washington beschäftig ist. Zuletzt hat er in Episode *1x14 Das Manifest* für Unruhe und Ärger gesorgt, man vermisst ihn schon fast. Aber keine Sorge: Bald dürfen wir uns wieder über ihn ärgern und aufregen.

Als Olivia feststellt, dass an beiden Tatorten der gleiche Mann anwesend war, fällt ihr eine Last von der Seele. Sie hatte wirklich angenommen *irgendwie* für den Tod der beiden Opfer verantwortlich zu sein, doch jetzt weiß sie, dass Nick Lane der Schuldige sein muss. Warum sie die Taten aber sieht und welche Verbindung sie zu diesem Mann hat, dafür hat sie zu diesem Zeitpunkt noch keine Erklärung. Deshalb versuchen Olivia und Peter mehr über ihn herauszufinden. In der Szene, als Olivia und Peter im Wartebereich der psychiatrischen Klinik sitzen, wirkt Peter nachdenklich. Er denkt darüber nach, was sein Vater wohl durchgemacht hat, in all den Jahren, in denen er in St. Claires eingesperrt gewesen ist. Als dann die zuständige Ärztin kommt, erfahren wir etwas mehr über Nick Lane. Ein junger, intelligenter Mann, der unter einigen psychischen Problemen leidet. Er hat sich freiwillig einweisen lassen und viele Jahre in der Klinik gelebt. Solange bis vor Kurzem ein ominöser Anwalt ihm eine große Geldsumme überbrachte, angeblich eine Erbschaft und Lane sich selber entließ. Die Ärztin beschreibt Lane als hyperemotional, sodass sich seine Gefühle auf andere übertragen haben. Das bedeutet also, dass er seine Fähigkeit schon immer besaß, auch während seiner freiwilligen Isolation. Warum gab es dann aber keinen besonderen Zwischenfall, während seines Klinikaufenthaltes? War seine Fähigkeit zu diesem Zeitpunkt noch nicht so ausgeprägt oder wurde sie vielleicht durch Medikamente gemindert? Und natürlich stellt sich die Frage, wer der unbekannte Anwalt ist, der Lane mit Geld versorgt hat. Natürlich jemand aus dem Kreis der ZFT-Terrorgruppe, Lane beschreibt ihn nebulös als den „alten Mann mit der Brille". Später erfahren wir, dass Nick Lane auch ein auserwählter Rekrut ist, der sich auf „den Krieg" vorbereitet hat. Den „Krieg zwischen den Parallelwelten", wie Dr. Miller die vermeintlichen

Wahnvorstellungen ihres Patienten beschreibt. Lane erzählt Olivia auf dem Dach, dass er alles so getan hat, wie es von ihm verlangt wurde. Ganz getreu dem ZFT Manifest. Dabei zählt er ein paar interessante Einzelheiten auf: Der Soldat der Zukunft ist sowohl natürlich als auch unnatürlich, soll sich fit und bereithalten, unauffällig leben und nur schwarze und graue Kleidung tragen. Was ist wohl gemeint mit „natürlich" und „unnatürlich"? Olivia stellt sich die Frage, warum Lane gerade jetzt anfängt, Menschen zu töten, obwohl er diese Fähigkeit doch schon immer hatte. Sie vermutet, dass er irgendwie aktiviert wurde. Wie ein Schläfer einer Terrorzelle. Dazu passt auch Lanes Aussage, dass der „alte Mann" zu ihm sagte, er könne ihn „aufwecken". Was ist dann aber mit Olivia? Wir wissen, dass sie ebenfalls als Rekrutin ausgewählt wurde und dass auch sie eine gewisse übernatürliche Begabung besitzt. Zudem verrät Lanes Akte, dass er aus Jacksonville (Florida) stammt, genau wie Olivia. Die beiden scheinen mehr Gemeinsamkeiten zu haben, als man zuerst vermuten würde. Nick Lane erkennt Olivia Dunham wieder, als er sie sieht. Er erzählt ihr von der gemeinsamen Vergangenheit, als sie beide noch Kinder waren und man Experimente an ihnen durchführte. Olivia war die Stärkere von beiden gewesen und hätte ihn immer aufgebaut, wenn er Angst gehabt hat. Sie hört Nicks Ausführungen ungläubig zu, hat aber an all diese Dinge keinerlei Erinnerungen mehr. Dass, was Nick Lane beschreibt, entspricht genau dem, was Walter Bishop über die Arbeit von ihm und Bell erzählt. Er und William Bell führten Versuche an Kindern durch, wobei man die Kinder in Zweiergruppen einteilte, damit sie sich nicht so fürchten. Olivia schaudert es aber schon bei Walters Beschreibung dieser Vorgänge und auch Peter ist sichtbar geschockt von der Feststellung, dass sein Vater Versuche an Kindern durchführte. Walter bestreitet aber, speziell an der Cortexiphan Versuchsreihe beteiligt gewesen zu sein. Er habe sich mit Bell darüber gestritten, wollte dabei nicht mitmachen, vermutet aber, dass Bell nach bekanntem Muster vorgegangen ist. Die Frage lautet: Warum kann sich Olivia Dunham an diesen doch so wichtigen Teil ihrer Vergangenheit nicht erinnern? Nick Lane hingegen hat diese Erinnerungen, erwähnt aber auch, dass „die" wollten, dass man es vergisst. Wie viele dieser Rekruten gibt es wohl noch und welche Fähigkeiten besitzen sie?

Auch die Szene im Hotelzimmer von Walter Bishop enthält einige interessante Informationen. Der Kern der früheren Arbeit von William Bell, sei die Wahrnehmung, wie Walter erklärt. Dabei zitiert er folgenden Satz: „Die Wahrnehmung ist der Schlüssel zur Transformation." Peter ergänzt diesen Ansatz: „Die Realität ist subjektiv und formbar. Wenn man von einer besseren Welt träumt, kann man sie auch erschaffen." Walter fügt dann beiläufig hinzu: „Oder sich zwischen beiden bewegen." Peter reagiert völlig erstaunt und bittet Walter, diesen Satz noch mal zu wiederholen. Dazu kommt es aber nicht, da Olivia das Gespräch wieder auf Nick Lane lenkt. Warum reagiert Peter so heftig auf diese Bemerkung, welcher Gedanke ist ihm da durch den Kopf gegangen? Man muss sich der möglichen Informationen, die in dieser kurzen Szene versteckt sind, bewusst werden. Walter spricht von zwei gegensätzlichen Welten, zwischen denen man hin und her wandern kann. Also von einer Parallelwelt, die für die weitere Handlung von FRINGE von großer Bedeutung sein wird. Hier zitiert Walter quasi aus dem ZFT Manifest, das diese Welt beschreibt und die den nicht näher definierten Krieg gegen unsere Realität führen wird. Und wie wir wissen, besteht die Möglichkeit, dass Walter selber der Verfasser des Manifests ist. Er selber hat große Erinnerungslücken, was seine eigene Vergangenheit betrifft und somit haben Olivia, Walter und Peter eine Gemeinsamkeit. Am Ende der Folge hat Walter aber eine böse Ahnung: Er sucht in seinen alten Videoaufzeichnungen und findet ein ganz bestimmtes Video. Auf diesem ist nur ein kleines Mädchen zu sehen, das verängstigt in der Ecke eines kleinen Raumes kauert. Offenbar hat es dort gebrannt, das Mädchen ist aber unversehrt. Man hört zwei männliche Stimmen, die außerhalb des Sichtfeldes der Kamera sprechen. Eine davon ist die Stimme von William Bell, die andere gehört Walter Bishop. Bell spricht von einem Vorfall und erkundigt sich bei einer Assistentin, ob es Opfer gab. Dann fragt er Walter, was die Ursache für „den Vorfall" sein könnte. Walter sagt nur, dass das kleine Mädchen wütend gewesen sei. Dann redet er beruhigend auf sie ein: „Es ist alles in Ordnung Oliv. Ich verspreche dir, alles wird wieder gut." Das ist wirklich eine überraschende Enthüllung am Ende dieser Episode. Es ist also klar, dass Walter sehr wohl an den Experimenten mit Kindern beteiligt war, gerade auch an der Cortexiphan Versuchsreihe. Viel schlimmer noch: Er war es, der zusammen mit William Bell Experimente an der kleinen

Olivia Dunham vornahm! Allerdings scheint Walter es selber nicht fassen zu können, als er das Video sieht und begreift, was er in der Vergangenheit getan hat. Und das auch noch mit der Frau, mit der er seit Monaten zusammenarbeitet. Olivia Dunham ist es, der er seine Freiheit zu verdanken hat. Ohne sie und ihre Arbeit würde Walter immer noch in St. Claires sitzen. Walter ahnt, dass in dem Moment, in dem diese Wahrheit ans Licht kommt, nichts mehr so sein wird, wie vorher. Und was ist eigentlich mit der kleinen Olivia? Es gab im Labor einen schlimmen Vorfall, anscheinend ein größerer Brand. Walter erklärt, dass es Olivias Wut war, die diesen Vorfall auslöste. Ihre Emotionen haben sich in einer Art Energie manifestiert. Das bedeutet, dass Olivia im Kindesalter über mächtige Fähigkeiten verfügt haben muss. Wahrscheinlich hat sie diese dann im Verlauf ihres Lebens wieder verloren oder nur vergessen. In der Episode *1x14 Das Manifest* konnte Olivia einen Teil dieser Fähigkeit wieder aktivieren, um eine Bombe auszuschalten. Vielleicht hat sie später in der Serie die Möglichkeit, noch mehr von ihrem übernatürlichen Potenzial abzurufen, das wäre sicher interessant zu sehen. Wie mächtig diese Fähigkeiten sind, kann man nur erahnen, denn was nun genau bei dem Vorfall passierte, wird in dem Video nicht erzählt. Ein anderer wichtiger Punkt: Könnte dies vielleicht der Vorfall gewesen sein, bei dem Walters Assistentin starb und dieses letztendlich die Schließung des Labors zur Folge hatte? Ein Hinweis dafür ist, dass Walter in dieser Folge wieder von dem Tod seiner Assistentin spricht, die bei einem Feuer im Labor ums Leben kam. Diese Episode endet mit einem wirklich starken Cliffhanger, der den Zuschauer mit einigen Informationen, aber auch vielen Fragen zurücklässt.

Highlight

- Die Enthüllung, dass Walter Bishop zusammen mit William Bell geheime Experimente unter anderem an Olivia Dunham im Kindesalter durchführte. Außerdem erfahren wir, dass Olivia als Kind über mächtige Fähigkeiten verfügt haben muss.

Symbolcode

- Blatt l.o., Apfel l.u., Blume l.u., Blume l.u., Gesicht l.M. =B.E.L.L.Y (Walters Spitzname für William Bell)

Der Beobachter

- Als Olivia, Peter und Walter an dem Gebäude ankommen, auf dem Nick Lane Geiseln auf dem Dach festhält, geht er direkt hinter den dreien von rechts nach links über die Straße. Er sieht ihnen sogar kurz nach. Zu sehen etwa bei Minute 39:32.

Bishopologie

- Walter: „Astro….."
  Astrid: „Astrid!"
  Walter: „...projektion!" Auch bekannt als Seelenwanderung."
- Olivia: „Ich hab den Geruch des Bahnsteigs wahrgenommen. Ich hab gesehen, wie das Kind mich angestarrt hat, ich wusste schon vor den Nachrichten, wie sie aussieht. Also, wie ist so etwas möglich?"
  Walter: „Opium."

Besonderes

- Als Walter Bishop Olivia hypnotisiert, um eine Gedankenverbindung zu Nick Lane herzustellen, kommen wieder die rot-grünen Lichter zum Einsatz. In der Folge *1x08 Die Gleichung* benutzte Joanne Ostler ähnliche Lichter zum Hypnotisieren ihrer Opfer.
- ZFT wird von Astrid Farnsworth explizit als „Terrorgruppe aus Deutschland" beschrieben. Das Manifest ist aber in Englisch geschrieben und hat nur einen deutschen Titel.
- Zum ersten Mal in der Serie hat William Bell einen Auftritt. Man sieht ihn zwar nicht, hört aber seine Stimme.

- Nick Lane ist auch der Name eines britischen Biochemikers. Er ist der strategische Direktor der Adelphi MediCine, einer medizinisch wissenschaftlichen Firma in London. Außerdem hat er verschiedene wissenschaftliche Fachbücher publiziert.
- Die Szene aus dem Video, in der die kleine Olivia zusammengekauert in dem verbrannten Raum sitzt, erinnert stark an die Geschichte „Das Feuerkind" von Stephen King. Dort geht es um ein pyrokinetisch begabtes Kind, das in die Fänge der Regierung gerät, die es als Waffe missbrauchen will.
- Die Zeitung, in der der Bericht über die zweiköpfige Ziege veröffentlicht wurde, heißt „National Star". Das ist der Hinweis auf die nächste Episode *1x18*, in der ein roter Stern an der Tür eines Nachtklubs zu sehen ist.

Noch Fragen?

- Wer ist der „alte Mann mit der Brille", der Anwalt, der Nick Lane mit Geld versorgte und ihn „aktiviert" hat?
- Woher hat Nick Lane die Narbe? Vielleicht durch den Vorfall im Labor?
- Was passierte bei dem Vorfall im Labor? Hat Olivia ein Feuer ausgelöst? War es der Vorfall, bei dem Walters frühere Assistentin starb? Wer ist die Frau, die auf dem Video zu hören ist?
- Welche Fähigkeiten hatte die junge Olivia noch und warum hat sie diese als Erwachsene nicht mehr?
- Wie viele Rekruten gibt es noch und welche Fähigkeiten haben sie?
- Was meint Nick Lane damit, dass Rekruten teils *natürlich*, teils *unnatürlich* sein müssen? Ist damit gemeint, dass sie von Geburt an eine übernatürliche Begabung haben müssen?
- Wieso hat man den Versuchskindern die Erinnerungen gelöscht und vor allem wie?
- Hat man auch Teile von Walters Erinnerungen gelöscht, weil er eigentlich gegen diese Versuche war? Er selber glaubt zuerst, dass er nie Experimente an Kindern durchführte, bis er das Video sieht. Oder lügt er Olivia und Peter nur an?

- Wer ist Brenner und was ist mit ihm oder ihr passiert?
- Warum reagiert Peter so überrascht auf Walters Bemerkung über die Möglichkeit, zwischen Parallelwelten hin und her reisen zu können?

„Ich kann mich kaum noch an die Zeit erinnern als Verdächtige ausnahmslos Menschen waren."
Phillip Broyles 1x18 Nachtschatten

Folge #1X18: „Nachtschatten"

Originaltitel:	„Midnight"
Erstausstrahlung USA:	28.April 2009
Erstausstrahlung DE:	27.Juli 2009

Drehbuch:	J. H. Wyman, Andrew Kreisberg
Regisseur:	Bobby Roth
Wertung:	8/10

Gastdarsteller:
Ari Graynor(Rachel), Jefferson Mays(Nicholas Boone), Trieste Kelly Dunn(Valerie Boone), Richard Short(Bob Dunn), Ward Horton(Mustang Mann), Justin Hagan(Neil), Daniel London(Pardue), Victor Chan(Wache), Lauren Fox(Diane), Kate Guyton(Helen),Daniel London(Agent Feiken),Nelson Pena(ND Agent),Angelina Assereto(Disco Frau), Kam Ming Chang(Kellner), Ashley Hinshaw(Blondine), Anthony Mazza(Swat Team), Stacey Nelkin(Reporterin), Dante Nero(Mako), Lily Pilblad(Ella),

Inhalt
Eine mysteriöse Mordserie beschäftigt das FBI. Alle Opfer haben eine grausige Gemeinsamkeit: Ihnen wurde das Genick zerfleischt. Viel merkwürdiger ist aber, dass die Bissspuren anscheinend von einem Menschen stammen. Die

Ermittlungen führen Olivia Dunham und ihr Team zu dem Wissenschaftler Nicholas Boone. Wie sich rausstellt, entwickelte er für ZFT ein Virus, das Menschen in gefährliche Bestien verwandelt. Eine dieser Mutationen läuft nun frei in der Stadt rum …

Kommentar

Wir gehen mit großen Schritten auf das Finale der ersten FRINGE Staffel zu, aber bevor er soweit ist, muss das Team einmal mehr einen Monsterfall aufklären. Und wieder ist es ein ominöser Wissenschaftler, der ein Virus erschaffen hat, das normale Menschen in Monster verwandelt. Dazu passt auch Broyles leicht genervter Kommentar: „Haben wir es <u>wieder</u> mit einem Monster zu tun?" Diese Staffel hat uns schon ein wirklich buntes Monsterpotpourri präsentiert. Wir hatten Gehirnfresser, Drachenechsen und Killerschmetterlinge, die es eigentlich nicht wirklich gab. Dieses Mal muss das Team sich mit einer mutierten Dame rumplagen, die einen großen Durst auf menschliche Rückenmarksflüssigkeit hat. Das muss ein junger Mann, der Valerie Boone in der Disco abschleppt, schmerzlich feststellen. Dieser Seitensprung war dann wohl sein Letzter. Der Wissenschaftler, der das veränderte Syphilis Virus gezüchtet hat, unterscheidet sich deutlich von den anderen Frankenstein Vertretern, die wir bisher kennengelernt haben. Nicholas Boone wusste nicht, welche Ziele ZFT verfolgt, als er anfing, für sie zu arbeiten. Er wollte aussteigen, als ihm klar wurde, dass man seine Arbeit zur Herstellung biologischer Waffen verwenden will. Aber bei einer kriminellen Organisation wie ZFT kann man nicht einfach kündigen. Das wird auch Boone klar, als man seine Frau, Valerie, mit dem von ihm entwickelten Erreger infiziert, woraufhin sie zu dem Menschen jagendem Monster mutiert. So also bestraft ZFT seine Abtrünnigen. Der Erreger zersetzt schnell das Rückenmark des Wirtes, sodass dieser gezwungen ist, sich Ersatz zu beschaffen. Nicholas Boone versuchte seine Frau zunächst mit eigener Rückenmarksflüssigkeit zu versorgen, was dazu führte, dass er sich fortan nur noch im Rollstuhl bewegen kann. Er handelt also völlig selbstlos, aus Liebe zur seiner Frau, im Gegensatz zu den meisten seiner ZFT „Kollegen". Andere ZFT Wissenschaftler wie Dr. Esterbroock aus Episode *1x05 Unter Strom* sind skrupellose Verbrecher, die ganz bewusst ihr Wissen einsetzen, um gefährliche Waffen herzustellen. Für sie zählen nur Geld und Macht, die sie dadurch erlangen. Deshalb steht Nicholas Boone völlig im Kontrast zu den Wissenschaftlern, die bisher in FRINGE gezeigt wurden. Boone arbeitet mit Walter Bishop zusammen in dessen Labor an einem Gegenmittel, das Valerie Boone heilen kann, sobald Olivia sie gefunden hat. Für Walter ist dies eine neue Erfahrung, denn zum ersten Mal hat er nun einen Gleichgesinnten an seiner Seite. Zwei gebrochene Wissenschaftler, denen bewusst ist, dass sie mit ihrer Arbeit Grenzen überschritten haben, deren Folgen nicht zu verantworten sind. Besonders in der Unterhaltung der beiden kommt die schwermütige Reue zur Geltung. Beide wissen, dass sie anderen Leid zugefügt haben, auch wenn sie es eigentlich nicht wollten. Sie stellen sich die Frage, ob ihnen irgendwann vergeben werden wird, wenn es so etwas wie eine Seele gibt. Walter schenkt Nicholas etwas aufmunternde Hoffnung, indem er erklärt, dass sie noch Zeit haben, Buße zu tun. Besonders nach der letzten Folge, in der Walter sich bewusst wurde, was er mit Olivia im Kindesalter getan hat, gibt diese Szene, in der er sich so schuldig fühlt, dem Charakter noch mehr Tiefe. Er spricht auch davon, dass es ein Segen ist, dass er so vieles von seiner Vergangenheit vergessen hat. Der Prozess der Reue hat bei Walter Bishop schon längst eingesetzt, aber das Urteil seiner Mitmenschen steht noch aus. Überhaupt scheint eine gewisse Schwermütigkeit über dieser Folge zu liegen. Nachdem die ganze Zeit über gezeigt wurde, wie glücklich Rachel und Ella sind, seit sie bei Olivia wohnen, hatte man fast den Grund für den Einzug vergessen. Rachels Mann fordert die Scheidung und will auch für Ella das Sorgerecht erstreiten. Ein harter Schlag für Olivias Schwester, der sie natürlich schwer belastet und somit auch Olivia nicht unberührt lässt. Nebenbei erfahren wir noch einige sehr seltene Infos aus Broyles Privatleben. Er lebt auch in Scheidung und hat mehrere Kinder, mit denen er öfter telefoniert. Nicht aber mit seiner Exfrau. Wer hätte das gedacht, dieser Charakter war bisher völlig unnahbar und man wusste eigentlich so gut wie gar nichts über ihn. Nachdem Charlie Francis Privatleben zuvor ein wenig beleuchtet wurde, haben wir also ein ganz klein wenig mehr über Philip Broyles erfahren.

Es gibt aber trotz aller Ernsthaftigkeit auch wieder viel zum schmunzeln, was natürlich hauptsächlich auf die Kappe von Walter Bishop geht. Seine

Anmerkung, dass der Anblick des zerfleischten Nackens von Bob Dunn ihn an Krabbencocktail erinnert, ist für Peter mal wieder alles andere als appetitanregend. Auch sonst hat er diesmal viel Spaß bei den Ermittlungen und lässt jeden wissen, wie aufregend er diesen Syphilis Virus findet. Ein Highlight ist die Szene, in der Peter Bishop die Disco mit dem Wärmescanner absucht. Eine junge Dame flirtet mit ihm und es kommt zu einem lustigen Dialog, wobei Peter nichts anderes als die Wahrheit sagt. Die Wahrheit wirkt auf die Dame aber dann doch eher merkwürdig. Es vergeht natürlich auch keine FRINGE Folge, ohne dass einige Geheimnisse oder interessante Kleinigkeiten enthüllt werden. So erfahren wir, dass Olivia Dunham anscheinend fließend Chinesisch spricht. Als ihr Team den chinesischen Laden stürmt, befragt sie einen der Mitarbeiter in seiner Landessprache nach dem Aufenthaltsort von Valerie Boone. Außerdem gibt es noch was für die Statistiker: Im Gespräch mit Broyles erwähnt Olivia, dass es bisher 81 Todesopfer gab, seitdem sie bei der Abteilung für Grenzwissenschaften ist, die 147 Opfer von Flug 627 nicht mit eingerechnet. Die wichtigste Information der Folge kommt aber natürlich erst am Ende. Boone versprach, dass er alles was er über ZFT weiß, dem FBI verraten wird, wenn es Olivia gelingt, seine Frau zu retten. Und er hat Wort gehalten. Als Boone weiteres Rückenmark opferte, um ein Gegenmittel herzustellen, war er sich bewusst dass er später an den Folgen des Eingriffs sterben würde. Vorsorglich hat er die Informationen auf ein Video aufgenommen, das er Olivia zukommen lässt. Den Inhalt des Videos bekommen wir nicht zu sehen. Erst als Olivia später Broyles in einer Bar trifft, sagt sie ihm, dass Boone einen David Jones nicht gekannt hat. Aber er hat den Namen des Geldgebers von ZFT herausgefunden: William Bell. Erneut schafft es FRINGE, den Zuschauer mit einem Knall aus einer Episode zu verabschieden. Interessant ist, dass Boone innerhalb seiner Kontakte zu ZFT nie etwas von David Jones gehört hat. Eigentlich sah es bisher so aus, als wenn Jones eine bedeutende Position innehätte, wobei man nur vermuten konnte, dass er zu ZFT gehört. Gesagt oder bestätigt wurde dies nicht. Wenn er aber nicht zu ZFT gehört, würde das bedeuten, dass es noch eine andere Organisation gibt. Allerdings zitierte Mitchel Loeb aus dem ZFT Manifest und Loeb ist ja bekanntermaßen ein treuer Anhänger von Jones. Die Tatsache, dass Boone ihn nicht kannte, ist also nicht unbedingt ein Hinweis dafür, dass er nicht zu ZFT gehört. Die Enthüllung, dass William Bell der Geldgeber von ZFT ist, wiegt deutlich schwerer und stellt sicher einige Theorien bezüglich Massive Dynamic auf den Kopf. Eigentlich konnte man bisher davon ausgehen, dass die beiden Machtparteien Massive Dynamic und ZFT Gegner sind. Nun aber wissen wir, dass ausgerechnet der Massive Dynamic Gründer der größte Gönner dieser Wissenschaftsterroristen ist. Über die Gründe lässt sich natürlich wunderbar spekulieren. Bisher ist der Name William Bell schon oft in der Serie gefallen, zu sehen bekommen haben wir ihn aber noch nicht. So viel sei jetzt aber schon verraten: Bell wird seinen Auftritt noch bekommen.

Highlight

- Die Szene als Peter in der Disco einen äußerst ironischen Flirt mit einer jungen Dame hat.

Symbolcode

- Apfel l.u., Blume l.o., Blatt r.u., Blatt l.u., Gesicht r.M. = E.I.G.H.T = Acht

Der Beobachter

- Taucht gleich am Anfang in der Disco auf. Als Bob Dunn die blonde Frau erblickt, geht der Beobachter im Hintergrund an ihm vorbei.

Bishopologie

- Walter: „Weißt du was mir dabei einfällt, Peter?"
  Peter: „Nein, aber ich vermute, es ist mal wieder etwas unglaublich ekeliges."
  Walter: „Krabbencocktail."
  Als Walter den zerfleischten Nacken von Bob Dunn untersucht.
- Frau: „Hi, du bist genau mein Typ! Was ist das?"
  Peter: „Das ist ein tragbares Infrarot Radiometer. Es sagt mir, ob du heiß bist."

Frau: „Und…?"

Peter: „Du bist eindeutig heiß. Aber ich bin auf der Suche nach eine Frau mit Syphilis."

In der Szene als Peter in der Disco nach Valerie Boone sucht.

Besonderes

- Olivia Dunham spricht fließend Chinesisch.

- Laut Olivia sind in der ersten Staffel bisher 81 Menschen gestorben, wenn man die 147 Toten aus dem Pilotfilm nicht dazurechnet.

- Nicholas Boone entwickelte auch den Erreger, der alle Körper-öffnungen zuwachsen lässt. In der Folge *1x14 Das Manifest* sterben ein Kioskverkäufer und ein FBI Agent daran.

- In der Wohnung von Bob Dunn läuft im Fernsehen gerade eine Nachrichtensendung. Im Newsticker unten im Bild wird von einem mysteriösen Feuerausbruch berichtet. Dies ist der Hinweis auf die nächste Episode, in der es um dieses Feuer geht.

Noch Fragen?

- Warum sollte William Bell ZFT finanzieren? Bisher wirkte es immer so, als wenn Massive Dynamic und die Terrorgruppe verbissene Feinde wären. Aber das ZFT Manifest wurde in Walters Labor geschrieben, in dem er und Bell früher zusammenarbeiteten.

- Welche anderen Namen von ZFT Mitgliedern gab Boone Olivia? Er spricht in dem Video davon, dass Olivia von einigen schon gehört habe.

- Wieso ist Boone nicht überrascht, als Walter von seinem Gedächtnisverlust berichtet? Was weiß er aus seiner ZFT Zeit über ihn?

Folge #1X19: „Der andere Weg"

Originaltitel:	„The Road Not Taken"
Erstausstrahlung USA:	5.Mai 2009
Erstausstrahlung DE:	3.August 2009

Drehbuch:	Akiva Goldsman, Jeff Pinkner, J.R. Orci
Regisseur:	Frederick E. O. Toye
Wertung:	9/10

Gastdarsteller:
Michael Cerveris(Der Beobachter), Jennifer Ferrin(Susan Pratt / Nancy Lewis), Michael Gaston(Sanford Harris), Clint Howard(Michael Carlin), Richard Bekins (Isaac Winters), Frank Bonsangue(Busfahrer),Cheryl Ann Leaser(Tech Agent),Ignacio Rada(ND Agent),

Inhalt
Nachdem Olivia Dunham von Nicholas Boone erfahren hat, dass William Bell der Geldgeber von ZFT ist, setzt Broyles das ganze Team darauf an, Beweise gegen ihn zu sammeln. Die Ermittlungen stoßen auf massiven Widerstand von Sanford Harris und auch Nina Sharp übt Druck auf das FBI aus. Währenddessen kommt es zu einem Todesfall, bei dem eine Frau ohne ersichtlichen Grund auf offener Straße verbrennt. Während Olivia Dunham diesen Fall untersucht, hat sie Visionen von einer düsteren Parallelwelt ...

Kommentar
Das große Finale der ersten Staffel FRINGE hat begonnen! Auch wenn die Folgen 19 und 20 nicht als Zweiteiler aufgeführt werden, hängen sie storytechnisch direkt zusammen. Und der Auftakt hat es wirklich in sich, was Spannung und Dramatik angeht. Die Folge legt ein Tempo vor, das einem schwindelig werden kann, während man gleichzeitig noch mit Geheimnissen und Enthüllungen bombardiert wird. Schon die Eröffnungsszene ist eindrucksvoll inszeniert. Die Enthüllung am Ende von Episode *1x18 Nachtschatten* bleibt natürlich nicht ohne Folgen, denn nun ist Gewissheit

geworden, was bisher nur vermutet wurde: Massive Dynamic ist die große Macht im Hintergrund und William Bell, der Drahtzieher hinter den Schemavorfällen und ZFT. Oder etwa doch nicht? Phillip Broyles schwört seine ganze Abteilung darauf ein, Beweise gegen William Bell zu sammeln. Dabei fasst er noch mal die bisher erlangten Erkenntnisse über ZFT und das Schema zusammen. Broyles erklärt, dass die gehäuft vorkommenden Vorfälle der letzten Monate dazu dienen, einen Krieg zu provozieren. Zerstörung durch Fortschritte in der Technologie. Und dabei wird auch die eine große Frage gestellt: Gegen wen oder was soll Krieg geführt werden? Darauf hat aber eigentlich das ZFT Manifest schon die Antwort gegeben: Gegen Wesen aus einer Parallelwelt. Bei diesem Krieg wird nur eine Welt überleben. Diese Wahrheit scheint den meisten aber immer noch nicht bewusst zu sein. Dass dieses offene Vorgehen gegen einen so mächtigen Konzern wie Massive Dynamic nicht ohne Folgen bleiben würde, konnte man schon ahnen. Immerhin ist die Firma wichtigster Geschäftspartner des Pentagon. Und wie Phönix aus der Asche (sehr sinnbildlich, wenn man das Ende der Folge kennt) taucht dann auch Sanford Harris wieder auf. Dieses Mal geht er besonders aggressiv gegen die Ermittlungen vor. Er untersagt Broyles und seinem Team, irgendetwas gegen Massive Dynamic zu unternehmen. Broyles ignoriert überaschenderweise diesen Befehl, er ahnt wahrscheinlich, dass man in ein Wespennest gestochen hat, denn er bekommt auch Druck von anderer Seite. Nina Sharp ist äußerst verärgert, als sie von den Ermittlungen gegen den Konzern und speziell William Bell erfährt. Spätestens als Nina zum ersten Mal in der Serie persönlich in seinem Büro erscheint, weiß Broyles, dass man hier auf der richtigen Spur sein muss. Sie versichert ihm, dass Bell nicht der Feind und ganz sicher auch kein Terrorist sei. Diese Aussage deckt sich auch mit dem, was Walter Bishop über seinen Ex-Kollegen denkt und sagt. Walter beschäftigt sich intensiv mit dem ZFT Manifest und weiht Peter nun in seine Vermutung ein, dass Bell es geschrieben hat. Bisher wusste man nur, dass es entweder Walter oder William geschrieben haben muss, jetzt ist klar, dass der Massive Dynamic Gründer Autor der ZFT Bibel ist. Trotz dieser Feststellung ist sich Walter sicher, dass Bell kein verrückter Terrorist geworden ist. Walter findet heraus, dass es in dem Manifest auch ein Kapitel über ethische Werte gegeben haben muss, dieses aber von irgendjemandem entfernt worden ist.

Somit wurde die Botschaft, die diese Schrift vermitteln wollte, bewusst unvollständig an die ZFT Anhänger weitergegeben, um die grauenhaften Anschläge zu rechtfertigen, denn: Was geschrieben steht, wird auch passieren. Eine durchaus vertraute Vorgehensweise, die man auch aus der realen Welt kennt. Ohne allzu politisch werden zu wollen, könnte man das von den Autoren der Serie durchaus als Parabel zu den islamistischen Extremisten und deren Fehldeutung des Korans interpretieren.

Walter ist sich sicher, dass in der vollständigen Version des Manifests das Kapitel über Ethik vorhanden ist. Wenn er also ein Exemplar finden würde, könnte er beweisen, dass William Bells Absichten nicht terroristischer Natur waren und er ZFT nicht zu den Anschlägen aufgerufen hat. Er legt sich ganz schön ins Zeug für seinen früheren Freund und Kollegen und bescheinigt ihm auch, moralisch anständig gewesen zu sein und das, obwohl er weiß, dass sie Versuche an kleinen Kindern durchführten. Diese Wahrheit lässt sich auch nicht länger verleugnen, sodass Olivia in dieser Episode nun endgültig die Wahrheit über Walters frühere Arbeit erfährt. Walter bricht weinend zusammen, als Olivia ihm später gegenüber sitzt und er verzweifelt versucht, diese Vorgänge zu rechtfertigen. Er erklärt, dass die Versuche nur dazu dienten, die Kinder vorzubereiten, sie stark zu machen. Allerdings kann er keine Antwort darauf geben, wofür er und sein Kollege sie vorbereiten wollten. Es stellt sich die Frage, ob Walter sich wirklich nicht daran erinnern kann, denn die darauffolgende Szene ist eine große Überraschung: Als Walter im Labor das vollständige Manifest sucht, steht völlig unerwartet der Beobachter in seinem Labor. Er ist gekommen, um Walter abzuholen, denn „es ist Zeit", wie er mit sanfter Stimme verkündet. Doch Walter ist gar nicht überrascht, es scheint ganz so, als wenn er schon immer gewusst habe, dass dieser Moment kommen würde. Aber wohin will der mysteriöse Mann ihn mitnehmen? Etwa in das Paralleluniversum? Und wenn dem so ist, wozu braucht er Walter?

Auch Nina Sharp weiß von der Anwesenheit des glatzköpfigen Besuchers, was sie anscheinend schwer beunruhigt. Sie besucht doch tatsächlich Broyles in dessen Privatwohnung, um mit ihm etwas zu besprechen. Was das ist, erfahren wir aber noch nicht.

Die immer wieder in der Staffel genannte Parallelwelt wird in dieser Folge zum ersten Mal kurz gezeigt. Es ist Olivia Dunham, die aus irgendeinem Grund einen Blick auf die andere Seite erhält. Es ist keine bunte Fantasywelt, sondern sie gleicht der unseren ziemlich genau. Im Grunde sind nur Details anders: In der Parallelwelt gab es zwei Brandopfer, Broyles Büro sieht anders aus und Charlie hat eine markante Narbe im Gesicht. Doch als Olivia auf der Straße steht, sieht sie, was der eigentliche Unterschied zu unserer Realität ist: Anscheinend ist in der anderen Welt der Krieg schon ausgebrochen. Überall sieht man brennende Häuser, hört Sirenen und alles erscheint dunkel und dreckig. Der „andere" Charlie erwähnt, dass halb Boston unter Quarantäne steht, es herrscht Ausnahmezustand. Ein wahres Horrorszenario. Bedeutet das etwa, dass unserer Welt ähnliches bevorsteht? Oder ist Olivias Vision kein Blick in die parallele Welt, sondern in die Zukunft unserer eigenen?

Natürlich wirft diese Episode viele Fragen auf, aber wir bekommen auch ein paar Antworten. Der unbekannte Anwalt, der schon Nick Lane mit Geld versorgte, bekommt ein Gesicht. Isac Winters scheint bei ZFT zuständig für die Rekruten zu sein, denn auch Susan Pratt bekam eine hübsche Geldsumme. Sie verfügte über eine wirklich erstaunliche Fähigkeit: Pyrokinese. Wir erinnern uns: Durch das Video aus Walters Labor wissen wir, dass auch Olivia die Fähigkeit besaß, Feuer nur mit der Gedankenkraft zu erzeugen. Sie war es, die als kleines Kind den Brand in dem Labor auslöste, nur, weil sie wütend war. Walter weiß dass, Olivia aber noch nicht. Warum Olivia diese Fähigkeit nicht mehr hat, ist ungeklärt, genauso wie ihre fehlenden Erinnerungen an diese Zeit.

Eine weitere Enthüllung, die für viele sicher unerwartet kommt: Sanford Harris ist ein Maulwurf innerhalb des FBI und arbeitet in Wirklichkeit für ZFT! Das erklärt rückblickend natürlich, warum er ständig versucht hat, die Arbeit der Abteilung für Grenzwissenschaften zu sabotieren. Als Harris im Lagerhaus mit dem Arzt redet, der Nacy Lewis aktivieren will, sagt er: „Er verliert langsam die Geduld. Sie muss aktiviert werden, na los!" Wen meint Harris? Eigentlich kann es doch nur David Jones sein, der im Hintergrund die Fäden zieht. Ein Indiz dafür ist die kleine Holzkiste mit den Lichtern, die auch in dem Raum steht, in dem Nacy festgehalten wird. Diese Kiste benutzte Jones auch als Test für Olivia, sie sollte die Lichter nur mit ihren Gedanken ausschalten. Jones sprach in der Episode *1x14 Das Manifest* davon, dass jeder Rekrut eine Reihe von Tests absolvieren muss, um sicherzustellen, dass er geeignet ist. Diese Lämpchenbox ist eine davon. Außerdem gab es noch einen anderen Verräter innerhalb des FBI, der für Jones gearbeitet hat: Mitchel Loeb. Und genau zu dem Zeitpunkt, in dem Loeb aufgeflogen ist, kam Harris zum FBI. Rückblickend passt das alles sehr gut zusammen.

Das Ende dieser dramatischen Folge setzt noch mal einen drauf und entlässt uns mit einem weiteren Schock: Nina Sharp kommt gerade von ihrem Besuch bei Broyles nach Hause. Als die Aufzugstür aufgeht, wird sie von maskierten Männern mit schallgedämpften Pistolen niedergestreckt. Was für ein Cliffhanger! Erst die unheimliche Szene, als der Beobachter Walter Bishop mitnimmt, wohin auch immer, und jetzt noch der Tod von Nina Sharp. Was ist mit Walter? Ist Nina wirklich tot? Welche Folgen hat der Tot von Harris und wieso kann Olivia die Parallelwelt sehen? Fragen und über Fragen und es bleibt nur noch eine einzige Folge übrig, die uns möglicherweise Antworten liefern kann. Halten Sie es auch kaum noch aus? Dann mal Start frei für die letzte Folge FRINGE Staffel 1!

Highlight

- Die Szene in der Walter von dem geheimnisvollen Beobachter abgeholt wird.

Symbolcode

- Hand l.M., Blume l.o., Hand l.u., Blume l.o., Schmetterling l.M., Seepferd r.M. = V.I.S.I.O.N, englisch: übernatürliche Erscheinung

Der Beobachter

- In dieser Folge muss man ihn natürlich nicht suchen, da er sich ganz freiwillig zeigt.

Bishopologie

- Walter: „Wo ist mein Geigerzähler? Ich habe ihn hier hingelegt."
  Astrid: „Meinen Sie ein Strahlendetektor hilft Ihnen, das Manifest zu finden?"
  Walter: „Nein. Aber ich finde das rhythmische Ticken beim Denken durchaus hilfreich."

Besonderes

- Als Olivia und Charlie die Wohnung von Susan Pratt durchsuchen, zeigt eine Kamera-Einstellung einige Bücher im Regal. Die Auswahl scheint nicht zufällig zu sein. Das auffälligste Buch steht in der Mitte: „Childhoods's End" (Die letzte Generation) von Arthur C. Clarke. Der Roman handelt von einer heimlichen Invasion außerirdischer Wesen. Diese Wesen wollen der Menschheit zur nächsten Evolutionsstufe verhelfen. Tatsächlich werden später Kinder geboren, die über telepathische und telekinetische Fähigkeiten verfügen. Diese Generation soll die neue Menschheit bilden, während die normalen Menschen zum Aussterben verdammt sind. Auch diese Geschichte diente wohl als Inspiration für die FRINGE Autoren.
- Weitere Bücher, die in der Szene zu sehen sind: "The Biological Time Bomb" (Die biologische Zeitbombe) von Gordon Rattray Taylor, "The Peter Prescription" (Das Peter Prinzip), Laurence J. Peter, "The Power Elite" von C. W. Mills und "The Hollow Earth" (Hohlwelt) von Rudy Rucker.
- In der Szene als Olivia auf der Straße die Parallelwelt sieht, ist an einer Hauswand ein Graffiti zu sehen: „He is here" (Er ist hier). Dies ist der Hinweis auf die finale Folge. Dort erfährt man dann auch, wer damit gemeint ist...

In dieser Folge gibt es unzählige Anspielungen und Hinweise auf das Star Trek Universum:

- Der Betreiber der Website, die sich mit Verschwörungstheorien beschäftigt, Emmanuel Grayson, wird von Clint Howard gespielt. Howard spielte in der Original „Star Trek" Serie von 1966 mit sowie bei den Nachfolgeserien „Star Trek: Deep Space Nine" und „Star Trek: Enterprise".
- Grayson's Hausnummer ist die 1701. Star Trek-Kenner wissen natürlich, dass dies die Seriennummer des Raumschiffs Enterprise ist.
- Grayson hält sich offenbar für Mr. Spock, einen der bekanntesten Star Trek Charaktere. Spock's Mutter hieß Amanda Grayson.
- Grayson erzählt von einer Verschwörung der Romulaner, die einen Krieg gegen die Föderation führen und die Zeitlinie verändern wollen. Dies ist in etwa die Handlung des Star Trek Kinofilms bei dem J.J. Abrams 2009 Regie geführt hat.
- Die Fringe Autoren und Produzenten Alex Kurtzman, Roberto Orci und J. J. Abrams produzierten den Star Trek Film von 2009, der einen Neustart der Serie bedeutete.
- Der neue Star Trek Film kam nur wenige Tage nach der Ausstrahlung dieser Folge im US Fernsehen in die Kinos.

Warum die FRINGE Autoren und Macher so viele Anspielungen auf das Star Trek Universum eingebaut haben, wird klar, wenn man die letzte Folge dieser Staffel gesehen hat. Ich möchte an dieser Stelle nicht zu viel verraten, denn vielleicht hat der eine oder andere Leser die Folge 1x20 noch nicht gesehen. Für Star Trek Fans und Kenner dürfte es eine Überraschung geben.

Noch Fragen?

- Für wen arbeitete Sanford Harris? Vermutlich für David Jones, was aber bisher nicht bestätigt wurde.
- Warum hat der Beobachter Walter abgeholt und wohin will er mit ihm?
- Warum ist Walter nicht überrascht, als der Beobachter im Labor auftaucht?

127

- Warum steht halb Boston in der Parallelwelt unter Quarantäne? Ist dort etwa schon der Krieg ausgebrochen, vor dem das Manifest warnt?
- Mit wem telefonierte Nina Sharp und was hat sie so beunruhigt?
- Was meinte Nina Sharp, als sie zu Broyles sagte, dass er wisse, was das letzte Mal passiert sei, als der Beobachter so häufig aufgetaucht ist. Meinte sie damit die Ereignisse aus der Folge *1x04 Die Ankunft*?
- Wieso kann Olivia die Parallelwelt sehen? Ist dies eine besondere Gabe von Ihr?
- Wenn Olivia die Parallelwelt sieht, ist das nur eine Vision oder ist sie in diesem Moment auch physisch in der anderen Welt?
- Warum hat der Charlie aus der Parallelwelt eine Narbe im Gesicht? Hat diese Narbe etwas mit der sehr ähnlichen Narbe von Nick Lane zu tun?
- Hat David Jones das Kapitel über Ethik aus dem Manifest entfernt, um die ZFT Gruppe für seine Zwecke zu missbrauchen?
- Wo ist William Bell?

Folge #1X20: „Nichts ist einzigartig"

Originaltitel:	„There's more than One of Everything"
Erstausstrahlung USA:	12.Mai 2009
Erstausstrahlung DE:	10.August 2009
Drehbuch:	Akiva Goldsman, J.H. Wyman, Jeff Pinkner
Regisseur:	Brad Anderson
Wertung:	10/10

Gastdarsteller:
Jared Harris(David Robert Jones(, Michael Cerveris(Der Beobachter), Leonard Nimoy(William Bell), Victor Cruz(EMT), Albert Jones(Zeuge), Kevin Sibley(ND Agent), Voctoria Barabas(MD Women),Xanthe Elbrick(Frau),Jim Ford(Techniker), Jared Grimes(Teenager),Sue Jean Kim(Notaufnahme Doktor),Brian Christopher O'Neil(ND FBI Agent),Shabazz Ray(ND

Agent),Vivienne Sendaydiego(ND FBI Agent),Kevin Sibley(ND Agent),Deborah Twiss(Notaufnahme Schwester)

Inhalt

Nina Sharp hat den Mordanschlag überlebt und liegt verletzt im Krankenhaus. Das FBI ermittelt den Täter: David Robert Jones. Nina erklärt, dass Jones eine ganz besondere Energiezelle aus ihrem kybernetischen Arm gestohlen hat. Mit dieser ist es ihm möglich, ein Tor in die Parallelwelt zu öffnen und er setzt alles daran, sein Ziel zu erreichen. Der geheimnisvolle Beobachter hilft Walter Bishop, dies zu verhindern …

Kommentar

Nach den überraschenden Ereignissen der finalen Folge muss man sich erstmal sammeln, um die Informationen und Eindrücke zu ordnen. Die Handlung der Episode knüpft nahtlos an das Ende der letzten an. Gleich zu Anfang wird der gespannte Zuschauer aufgeklärt, dass Nina Sharp den Mordanschlag überlebt hat. Dank Broyles wissen wir nun, dass sie einige Kevlar Bauteile in ihrem Brustkorb verbaut hat, die die Kugel abwehrten. Bisher wusste man nur, dass sie über eine kybernetische Hand verfügt, die ihr aufgrund eines Krebsleidens implantiert wurde. Anscheinend sind aber noch einige andere Dinge an ihr nicht ganz echt. Ihre Hightech Hand bekam man nur zweimal zu sehen, das erste Mal in der Pilotfolge und jetzt im Finale. Ein beeindruckender Anblick, der mich immer an die Terminator Filme erinnert.

Die Frage, wer Nina Sharp töten wollte, wird gleich zu Begin beantwortet: David Robert Jones. Nach seiner Flucht aus dem Krankenhaus in Folge *1x14* hat man ihn nicht mehr gesehen. Wie er dort verschwunden ist, bleibt weiterhin ungeklärt. Jetzt ist er jedenfalls wieder da und es scheint ihm gesundheitlich nicht gut zu gehen. Die Folgen der Teleportation aus dem Gefängnis sind nun deutlich zu sehen. Sein Gesicht scheint langsam zu zerfallen, weswegen er es auch mit Bandagen verhüllt. Olivia und Broyles sind etwas überrascht, als sich rausstellt, dass David Jones der Drahtzieher hinter dem Anschlag auf Nina Sharp ist. Immerhin besagt der momentane Informationsstand, dass William Bell ZFT finanziert und Jones somit für ihn arbeitet. Warum sollte er also die engste Mitarbeiterin von Bell töten wollen?

Auf diese Frage können nur Nina Sharp oder Bell persönlich eine Antwort geben. Da Bell aber nach wie vor nicht auffindbar ist, muss Nina nun etwas Licht ins Dunkel bringen. Dabei erfahren wir einige interessante Hintergrundinformationen über David Robert Jones: Er war vor vielen Jahren ein Mitarbeiter von Massive Dynamic, sogar einer der Ersten nach der Firmengründung. Jones blickte zu dem genialen William Bell auf und sah in ihm eine Vaterfigur. Aus irgendeinem Grund wurde Jones entlassen, diese Demütigung hat er nie überwunden. Vielleicht erkannte Bell schon früh, dass Jones ein gefährlicher Psychopath ist und war sich der Gefahr, die von ihm ausgeht, bewusst. Nina erklärt, dass Jones sich selber immer für etwas Besonderes gehalten hat und daran verzweifelt ist, dass Bell sein vermeidliches Genie nicht erkannt hat. Dies würde erklären, warum Jones das ZFT Manifest für seine Zwecke missbraucht. William Bell hat es verfasst, aber nicht als Aufruf zu Terror und Gewalt. Jones benutzte es aber, um die ZFT Anhänger davon zu überzeugen, dass die Terroranschläge notwendig seien und einem höheren Ziel dienen. Aus diesem Grund hat er dann auch das wichtige Kapitel über Ethik und Moral unter den Tisch fallen gelassen, was den Inhalt des Manifests natürlich in einem anderen Licht erscheinen lässt. Jones rächt sich also für seine Verschmähung durch Bell, indem er seine Arbeit, die wahrscheinlich nur für Gutes gedacht war, für seine eigenen Zwecke missbraucht. Aber zu welchem Preis? Letztendlich wird er selber Opfer des Missbrauchs von Technologie, die nicht für die Menschen bestimmt ist. Erstaunlich ist nur, dass niemand bisher wusste, dass Jones früher für Massive Dynamic gearbeitet hat. Nicht mal das FBI hatte davon Kenntnis. Ein international gesuchter Terrorist über dessen Vergangenheit nichts bekannt ist? Entweder ist dies etwas, was die FRINGE Autoren nicht richtig bedacht haben oder man führt dies auf Massive Dynamic selber zurück, deren Spezialgebiet die Geheimhaltung zu sein scheint.

Das große Ziel von Jones war es also, irgendwann einen Weg in die Parallelwelt zu finden und somit auch zu William Bell, um sich an ihm zu rächen. Jones muss also schon die ganze Zeit gewusst haben, wo Bell sich versteckt. Genau das ist auch der zentrale Kern der letzten Folge dieser Staffel. Alle Charaktere müssen nun akzeptieren, dass es diese Parallelwelt tatsächlich gibt. Das fällt trotz all dem was bisher geschehen ist, nicht jedem leicht. Die Bemühungen von David Jones einen Übergang in die Parallelwelt zu finden, ruft anscheinend die Aufmerksamkeit des Beobachters auf sich. Das ist auch der Grund, warum er Walter Bishop abgeholt hat: um zu verhindern, dass dieser Übergang geöffnet wird. Walter hat vor langer Zeit zusammen mit Bell ein Gerät entwickelt, das so einen Riss im Raumgefüge wieder verschließen kann. Da Walter sich aber leider nicht mehr daran erinnern kann, hilft ihm der Beobachter auf die Sprünge. Es scheint aber so, als wenn beide, Walter und der Beobachter, schon lange wussten, dass dies alles passieren würde. Walter war nicht überrascht, als er abgeholt wurde und der Beobachter sprach davon, „das es Zeit ist". Auch das Manifest prophezeit zukünftige Ereignisse, was die Frage offen lässt, welche Bedeutung die Zeit im FRINGE Universum hat und wie sie funktioniert. Vielleicht wird das Thema Zeitreisen in der zweiten Staffel eine Rolle spielen.

Eine der wichtigsten und überraschendsten Enthüllungen dieser Folge ist natürlich, dass Peter Bishop aus der Parallelwelt stammt. Der Peter aus „unserer" Welt starb im Alter von 7 Jahren. Das belegt die Szene, in der Walter am Grabstein seines Sohnes steht. Die Inschrift lautet: Peter Bishop 1978 bis 1985. Diese Erkenntnis ist rückblickend natürlich enorm bedeutend für die gesamte Staffel. Es gab immer wieder Hinweise auf diese Tatsache, die man aber trotzdem nur schwer vorausahnen hätte können. Peter hatte immer große Erinnerungslücken, was Ereignisse aus seiner Kindheit betraf. Eigentlich sind es keine fehlenden Erinnerungen, sondern nur andere. Immer, wenn Walter ihm etwas erzählt hat und er sich nicht daran erinnern konnte, dann ist das so, weil sein anderes Ich diese Dinge erlebt hat. Im Laufe der ganzen Staffel gab es zahlreiche Hinweise dafür, dass Peter nicht von unserer Welt ist, hier nur einige Beispiele:

- Schon in der zweiten Folge *1x02 Das Experiment* erwähnt Walter gegenüber Olivia Peters Krankengeschichte. Er nimmt an, dass Olivia diese aus den FBI Akten kennt und möchte sie eigentlich bitten, Peter darüber nichts zu erzählen. Olivia aber erklärt, dass sie darüber nichts weiß, weil es gar nicht in den Akten steht.

- In der Folge *1x06 Das Heilmittel* trifft Peter zum ersten Mal Nina Sharp. Sie kennt ihn aber schon lange und erzählt ihm, dass er als kleines Kind auf dem Gelände von Massive Dynamic gespielt hat. Dabei sagt Nina aber auch, dass er sich wahrscheinlich nicht mehr daran erinnern könnte. Peter sagt zwar nichts, sein Blick verrät aber, dass er sich anscheinend tatsächlich nicht daran erinnern kann. Weiß Nina, dass dieser Peter von der anderen Seite stammt?

- In der Folge *1x10 Durch die Wand* erzählt Walter seinem Sohn davon, dass er als kleines Kind fast an einer besonders gefährlichen Art der Vogelgrippe gestorben wäre. Peter meint darauf nur verwundert, dass er sich daran doch erinnern müsste, wenn so etwas passiert wäre. Darauf geht Walter nicht weiter ein. Er erzählt aber, dass er vorhatte, mit dem Teleporter durch die Zeit zu reisen, um einen Spezialisten für Vogelgrippe mitzunehmen, damit dieser Peter retten könnte. Walter sagt auch, dass dies leider nicht funktioniert hat, Peter aber auf wundersame Weise geheilt wurde. In Wahrheit starb Peter also doch an der Grippe. Walter reiste zwar nicht durch die Zeit, vielleicht aber in die Parallelwelt und holte den anderen Peter in unsere Realität.

- In der Folge *1x15 Ohne Worte* gibt Peter dem unbekannten kahlköpfigen Jungen eine Spielfigur. Er meint, sich zu erinnern, dass die Figur die Narbe auf der anderen Seite im Gesicht hätte. Vielleicht war das auf der Spielfigur in seiner Welt auch tatsächlich so.

Die Macher der Serie hatten also schon sehr früh einen Masterplan und wussten, wo die Geschichte von FRINGE hingehen soll und welches große Mysterium hinter dem Ganzen steckt. Es stellt sich die Frage, ob mit dem Tod von David Jones auch die Schema Vorfälle ein Ende haben. Was geschieht nun mit ZFT? Ein wenig verwunderlich ist auch, dass der Tod von Sanford Harris keinerlei Erwähnung findet. Immerhin war er ein einflussreicher Mann innerhalb des FBI und wurde als Verräter entlarvt. Das Thema wurde leider nicht weiter behandelt, dabei hätte ich gerne Broyles Reaktion gesehen. Die Enthüllung und der Tod eines hochrangigen Verräters sollten doch nicht einfach so ohne sichtbare Folgen bleiben. Zumal Harris schon Verräter

Nummer drei in derselben Abteilung war. Aber dies wird wohl ein Geheimnis der FRINGE Autoren bleiben.

William Bell war auch immer eines der großen Geheimnisse dieser Staffel. Oft wurde sein Name erwähnt und vieles hing mit seiner Person zusammen. Durch Walter haben wir auch vieles von der Vergangenheit des Massive Dynamic Gründers erfahren. Nur zu sehen hat man ihn nie bekommen. Das haben sich die Macher für die letzte beeindruckende Szene aufgehoben. Nina versprach Olivia ein Treffen mit William Bell zu organisieren, wie das ablaufen würde, konnte sie aber sicher nicht ahnen. Ein Fahrstuhl als Portal in die Parallelwelt. Und dann der Auftritt von Leonard 'Spock' Nimoy als Bell. Für viele sicher eine große Überraschung. Das erklärt natürlich die ganzen Anspielungen und Hinweise auf Star Trek in der letzten Episode. Olivia scheint aber nicht ganz verstanden zu haben, was mit ihr passiert ist. Sie ist jetzt auf der anderen Seite. Die letzte Kameraeinstellung, heraus aus dem Fenster des noch unversehrten World Trade Centers, ist ein wirklich überwältigendes Schlussbild für die erste Staffel von FRINGE. Man darf gespannt sein auf die Einblicke in das Paralleluniversum und die Antworten, die William Bell für Olivia bereithält. Und natürlich auf das Schicksal, welches unserer Welt bevorsteht. Welche Auswirkungen wird das Wissen um die Parallelwelt nach sich ziehen? Wie geht es mit Walter und vor allem Peter Bishop weiter? Wird Olivia Dunham wieder zurück und ihre Welt finden? Diese und noch viele andere Fragen und hoffentlich auch ein paar Antworten erwarten uns in der zweiten Staffel von FRINGE – Grenzfälle des FBI. Ich bin auf jeden Fall dabei, Sie auch? Gut, dann lesen wir uns bald hoffentlich wieder!

Highlight

- Das Schlussbild mit den noch intakten Twin Towers des World Trade Centers.

Symbolcode

- Blatt r.u., Frosch r.u., Blatt r.o., Hand l.M., Apfel l.u. = G.R.A.V.E = düster, schwerwiegend

Der Beobachter

- Die Zeit des Versteckens ist vorbei. Nun muss er für die Rettung des Universums sorgen.

Bishopologie

Walter: „Als Belly und ich junge Männer waren, haben wir größere Mengen von LSD konsumiert."
Peter: „Was du nicht sagst."

Besonderes

Die Zeitung, die im Büro von William Bell liegt, eine Ausgabe der New York Post, hat einige interessante Artikel, die Abweichungen von unserer Welt beschreiben

- Die Wall Street ist seit 21 Tagen geschlossen. Auswirkungen des Kriegs?
- Ein Artikel berichtet von einer Rede des Alt-Präsidenten Kennedy. In dieser Welt lebt John F. Kennedy noch, was das Foto belegt.
- Es ist zu lesen, dass Präsident Obama in das „neue weiße Haus" einzieht. In dieser Welt wurde das alte weiße Haus durch einen Terroranschlag zerstört, dafür blieb das Word Trade Center unversehrt.
- Es wird von dem Basketballstar Len Bias berichtet, der in dieser Welt noch lebt. Der echte Bias starb 1986 an einer Überdosis Kokain.

Weitere Besonderheiten dieser Folge sind:

- Dies ist die erste Folge FRINGE in der man Walter Bishop nicht in seinem Labor sieht.
- Als Olivia die Akten der Schemavorfälle untersucht, sieht man an ihrer Pinnwand Fotos von Personen aus der gesamten ersten Staffel: David Robert Jones, John Scott, Gregory Wiles (1x12 Hirnfresser),Joseph

Meegar (1x05 Unter Strom), verschiedene Opfer von Flug 627 (1x01 Pilot)

Noch Fragen?

- War es Walter, der den anderen Peter in unsere Welt holte? Wenn ja, wie ist er in die Parallelwelt gelangt?
- Warum versuchte der Walter Bishop aus der Parallelwelt nicht, seinen Sohn zurückzuholen?
- Was passierte mit dem William Bell aus der Parallelwelt? Ist er tot? Kann eine Person zweimal in einer Welt existieren?
- Als Olivia in die Parallelwelt geht, was passierte dann mit ihrem Gegenstück?
- Was ist mit dem David Jones auf der anderen Seite?
- Gibt es ZFT und die Schemavorfälle auch in der Parallelwelt? Welche Rolle spielt dort Massive Dynamic?
- Zeigt das Foto in dem alten Landhaus Peter's Mutter? Was passierte mit ihr, lebt sie noch?
- Was meinte der Beobachter als er sagte, dass er sich nicht einmischen darf? Einmischen in was, das Schicksal unserer Welt?
- Welche Parteien werden den Krieg austragen? ZFT gegen paralleles ZFT? Unsere Menschen gegen die anderen Menschen? Die Rekruten aus unserer Welt gegen andere Rekruten mit besonderen Fähigkeiten aus der Parallelwelt?
- Für welchen Zweck baute Bell die Powerzelle aus Nina's Arm? Was war ihre eigentliche Bestimmung?
- Auf welchem Weg kommuniziert Bell mit Nina aus der Parallelwelt?

Quellen:
Wikipedia.org,
Fringepedia.net,
Fringe-Fans.de,
fringewiki.fox.com,
myfanbase.de,
John Noble Official Website,
www.hollywood.com,
www.Josh-Jackson.net, www.tribute.ca,
www.Tv.com,
youtube.com,
Imdb.com, www.anna-torv.net, www.annatorv.com,
www.fox.com/fringe, www.serienjunkies.de/fringe,
commerce16.pair.com/time2/noble/bio.htm
www.findfringe.com
Fringe – Grenzfälle des FBI – Staffel 1 –DVD Box, Warner Home Video
ASIN: B00264GLG0

DANKSAGUNG

Die letzen Monate waren wirklich eine kleine Odyssee. Ich hätte nicht gedacht, dass die Arbeit an diesem Buch ein solches Ausmaß annehmen würde. Es hat wirklich viel Nerven gekostet und ich bin dankbar dass ich diesen Weg nicht allein gehen musste. Es gibt auch ein paar Leute die mich indirekt motiviert oder inspiriert haben. An dieser Stelle an kleines Dankeschön:

- An Geraldine für die Geduld und die aufmunternden Worte. Ohne deine Unterstützung hätte ich wohl mehr als ein Mal hingeschmissen.

- An meine Großeltern, Karoline und Leopold Arimont. Für die Unterstützung und den unerschütterlichen Glauben an mich.

- Gabriella und Hans-Jürgen Spurgarth, die sich schon lange auf dieses Buch gefreut haben.

- Matthias Zucker, der mit seinen „Akte X Intern" Büchern das große Vorbild für dieses Buch lieferte.

- Torsten Dewi, der mich mit seinem Blogartikel(www.Wortvogel.de) über sein erstes Buch, ein „Babylon 5" Serienführer, dazu motivierte dieses Buch zu schreiben.

- An J.J. Abrams, Alex Kurtzmann, Roberto Orci, die eine erstaunliche Serie geschaffen haben, die einen Akte-X Fan nostalgisch werden lässt.

Danke!

Andreas Arimont, April 2010

Das Kartentrick Handbuch

Dieses Buch führt Sie in die Kunst mit Karten zu zaubern ein. Und hier lernen Sie nicht nur die üblichen „ziehen Sie mal eine Karte" Tricks. Lernen Sie wie man Kartentricks mit dem Handy vorführt. Oder wie man eine grade verbrannte Karte in einen verschlossenen Umschlag erscheinen lässt. Sie lernen aber nicht nur Kartentricks, sondern bekommen auch wertvolle Tipps zur Vorführung.

Keine Angst: Man braucht keine Fingerfertigkeit wie die Profis! Sie lernen Kartentricks, die fast automatisch funktionieren. Natürlich werden Sie auch Tricks lernen, die einfach unglaublich erscheinen! Zahlreiche Fotos erklären die Handgriffe genau.

Spiel mit mir! Katzenspiele für Hauskatzen

Wie Sie Ihre Katze immer bestens unterhalten können, ohne teures Spielzeug kaufen zu müssen! Hauskatzen brauchen im Gegensatz zu freilaufenden Tieren mehr Aufmerksamkeit und Abwechslung im Alltag. Dieses Buch zeigt Ihnen viele Spielmöglichkeiten und Anregungen auf, die sich sofort und einfach umsetzen lassen. Ohne Geld für teures Spielzeug ausgeben zu müssen!

Außerdem erhalten Sie wertvolle Tipps für eine katzengerechte Einrichtung der eigenen Wohnung. Viele Fotos veranschaulichen die beschriebenen Spielmethoden.